i Fari. 172

Dello stesso autore
presso La nave di Teseo

La società signorile di massa
La notte delle ninfee
Il danno scolastico, *con Paola Mastrocola*
Manifesto del libero pensiero, *con Paola Mastrocola*

Luca Ricolfi

Il follemente corretto

L'inclusione che esclude e l'ascesa della nuova élite

La nave di Teseo

ISBN 978-88-346-1974-2

Prima edizione La nave di Teseo ottobre 2024
Seconda edizione ottobre 2024

Sommario

Il cosiddetto politically correct è un
muro, muraglia cinese di idiozia,
in cui ognuno mette il suo mattone.

Emanuele Trevi

Per paura di non essere progressisti
si finisce in un'ottica reazionaria.

Barbara Alberti

Al lettore

Questo libro è, in un certo senso, la conseguenza di una rinuncia. Avevo pensato, qualche anno fa, di scrivere un *Dizionario del politicamente corretto.* Mi sembrava utile non solo come fonte di conoscenza, ma come strumento di difesa della libertà di espressione, sempre più minacciata dall'invadenza delle nuove regole e dei nuovi tabù.

All'inizio, avevo pensato che poche centinaia di voci sarebbero bastate. E avevo anche iniziato a scrivere, arrivando a completarne una cinquantina.

Poi ho avuto un'illuminazione: il compito era impossibile. E questo non solo perché di voci ne sarebbero occorse alcune migliaia, ossia dieci volte tanto. Non solo perché il loro numero cresceva a dismisura di mese in mese, e avrebbe richiesto aggiornamenti almeno annuali del dizionario. Ma perché, con il passare del tempo, il politicamente corretto (d'ora in poi anche PC) stava diventando qualcosa di infinitamente più vasto, più vario, più estremo di quanto mai potessimo aver immaginato anche solo dieci o quindici anni fa. Era questo qualcosa, questa nebulosa caleidoscopica in espansione, questa entità gassosa che si alimenta sulla rete che meritava di essere raccontata.

Ma come farlo?

Per quanto mi sforzassi, non riuscivo a darne una caratterizzazione precisa, a fissarne i contorni in modo logico e razionale. Una cosa soltanto mi era chiara: c'era della follia nelle nuove manifestazioni del politicamente corretto. In breve: forse avevo trovato un nome – follemente corretto – però mi mancava del tutto una definizione*.

E la storia del politicamente corretto non aiutava più di tanto. Certo, sappiamo che quando è nato, negli anni settanta in America, era essenzialmente e semplicemente una sorta di "politica degli eufemismi": non devi dire negro, meglio se dici nero; non devi dire cieco, meglio se dici non vedente; non devi dire donna di servizio, meglio se dici colf. Sappiamo che è rapidamente approdato in Europa, e nei primi vent'anni della sua storia (1975-1995) è rimasto relativamente innocuo: la letteratura e il cinema dei primi anni novanta testimoniano che, fino a quell'epoca, ci si poteva scherzare

* A mia conoscenza, la prima occorrenza dell'espressione "follemente corretto" è nel catenaccio di un articolo, a firma Caterina Soffici, uscito sul *Fatto Quotidiano* del 12 gennaio 2017 e riguardante le proteste degli studenti inglesi per il peso eccessivo dei filosofi bianchi, come Platone e Kant, nei programmi universitari.

tranquillamente su, senza suscitare scandalo. Sappiamo che è nei primi anni dieci di questo secolo che qualcosa è cambiato, di nuovo innanzitutto negli Stati Uniti, poi anche qui da noi. Sappiamo, infine, che un notevole impulso alla esasperazione del politicamente corretto è venuto da alcuni episodi specifici come l'elezione di Trump (2016), lo scandalo Weinstein (2017), l'uccisione di George Floyd (2020).

Tutte queste cose che sappiamo e sapevamo, però, non erano sufficienti a tracciare i confini del follemente corretto, a individuare esattamente quel che lo distingue dal politicamente corretto classico.

Ma era necessario darne una definizione astratta? E se una tale definizione fosse in realtà impossibile?

Di qui l'idea di raccontare il follemente corretto (d'ora in poi anche FC) semplicemente mediante la sua fenomenologia: una raccolta di esempi, un campionario che permetta di farsene un'idea osservandolo concretamente in azione, senza alcuna pretesa di ingabbiarlo in una definizione. È la prima parte di questo libro, che contiene una quarantina di storie, episodi, vicende che si possono leggere anche una indipendentemente dall'altra.

Poi ho riletto io stesso le pagine di questa raccolta, come un antropologo sfoglia le note etnografiche al ritorno da una ricerca sul campo. E sono successe due cose impreviste. La prima è che una quasi-definizione è emersa.

Vedendolo in azione, ho capito che la ragione per cui il follemente corretto mi pareva non definibile è che ne cercavo una definizione statica, mentre quel che lo caratterizza è il meccanismo della sua propagazione: quel che dobbiamo chiederci non è che cos'è, ma come funziona.

Un po' come le bolle di sapone. Ha senso domandarsi che forme, che sfumature di colore, che volteggi possono caratterizzare le bolle di sapone che escono dal cerchietto in cui soffia il bambino? O ha più senso chiedersi qual è il meccanismo fisico che trasforma un piccolo velo di sapone in una fantasmagoria di bolle che danzano in cielo?

La seconda cosa di cui mi sono reso conto è che il follemente corretto non si limita a minare la libertà di espressione, ma incide profondamente sulla coesione sociale, rivoluzionando i rapporti fra classi e ceti, un po' come nell'Ottocento era successo con l'ascesa della borghesia e la formazione del proletariato.

L'avanzata del follemente corretto sta promuovendo l'ascesa di una nuova élite, che include soprattutto due grandi categorie. Da un lato le "vestali della Neolingua", ossia il vasto mondo della comunicazione che presidia tutti i gangli del potere nell'informazione, nel cinema, nella TV, nell'editoria, nelle università, nelle grandi imprese, negli apparati pubblici. Dall'altro le "lobby del Bene", ossia la rete più o meno organizzata degli attivisti che instancabilmente – in nome di qualche causa ritenuta superiore e indiscutibile – cercano di imporre i propri punti di vista ai poteri che contano, ma anche di portare la nuova religione tra la gente comune, come i missionari in Africa ai tempi del colonialismo. Un vero e proprio "esercito della salvezza con la bandiera del progressismo", come lo ha definito la scrittrice Barbara Alberti.

E non è tutto. L'attenzione ossessiva che il FC riserva alla correttezza del linguaggio, nonché alle più improbabili rivendicazioni delle minoranze sessuali, ha finito – anche con l'ausilio dei media, vecchi e nuovi – per far perdere ogni senso delle proporzioni, ogni capacità di distinguere i grandi problemi sociali da quelli decisamente minori, o largamente soggettivi, o artificialmente amplificati.

Il risultato (che provo a descrivere nella seconda parte, analitica, del libro) è stato un allargamento di tutte le principali fratture sociali. Le donne hanno visto evaporare una parte delle loro conquiste, messe a repentaglio dall'attivismo trans. I drammi degli ipersfruttati – l'esercito di 3.5 milioni di para-schiavi che fanno girare la "società signorile di massa" – sono caduti nell'oblio più totale. In generale, si è enormemente ampliata la distanza fra i ceti istruiti, ipersensibili alle questioni di linguaggio e alle battaglie per i diritti civili, e i ceti popolari, spesso tuttora deprivati dei più elementari diritti sociali.

Soprattutto, la corsa del follemente corretto ha finito per infoltire i ranghi dell'élite, con l'annessione di nuove categorie di comunicatori, burocrati e attivisti, e la simultanea marginalizzazione di quanti – e sono i più – non sanno o non vogliono accedere alle sofisticate meraviglie del follemente corretto. In questo modo l'élite ha avuto l'opportunità di accentuare il proprio senso di superiorità morale verso i ceti più umili, invariabilmente bollati – quando non si adeguano al nuovo credo – come “la pancia del paese”.

In breve: grazie al follemente corretto, il sogno dell'inclusione si è capovolto nel suo contrario, aprendo la via ai più inattesi, indesiderati, e indesiderabili processi di esclusione. Non è una sorpresa per un sociologo, abituato a ragionare in termini di effetti perversi e di conseguenze non previste dell'azione sociale. Ma meriterebbe ugualmente qualche riflessione, almeno da parte di chi ha fatto dell'inclusione il mito centrale del nostro tempo.

Resta in piedi, naturalmente, l'interrogativo fondamentale: il follemente corretto è destinato a espandersi ulteriormente, fino a invadere tutti i recessi della vita sociale, o esistono meccanismi che possono rallentarne l'espansione, fino a invertire la tendenza? Qual è il futuro di questa follia?

È il problema che cerco di affrontare alla fine, mettendo a fuoco due di tali meccanismi. E azzardando una risposta.

Che, forse, è solo una speranza.

I. IL FOLLEMENTE CORRETTO IN AZIONE

1. La Neolingua

La guerra dei pronomi

Fino a qualche anno fa, la politica dei pronomi, promossa dalle vestali del politicamente corretto, colpiva quasi esclusivamente le istituzioni accademiche. All'atto pratico, si trattava – essenzialmente – di evitare il maschile quando il riferimento poteva essere anche a una donna. Se scrivevi una lettera o trasmettevi una comunicazione, non potevi iniziare con il solito "cari colleghi", ma dovevi scrivere "care colleghe e cari colleghi", o "car* collegh*", o usare qualche diavoleria neutra (ad esempio il cosiddetto schwa: ə) per non discriminare le donne. Se mandavi un articolo alla solita rivista in lingua inglese dovevi stare attento a non usare, per riferirti a una persona che poteva essere maschio o femmina, il pronome "he" (lui), ma il pronome doppio "he or she", o ancor meglio "she or he".

Oggi non basta più, specie negli Stati Uniti. Oggi ci sono quattro novità sostanziali. La prima è che la politica dei pronomi pretende di includere non solo le donne, ma qualsiasi persona "non standard": maschi che hanno cambiato sesso, maschi che si sentono femmine, donne che hanno cambiato sesso, femmine che si sentono maschi, persone intersessuali, maschi bisessuali, femmine bisessuali, persone che non vogliono avere un'identità sessuale o di genere, persone più o meno perennemente "fluide" eccetera. Non per nulla la vecchia sigla LGBT è evoluta in LGBTQIA+, che significa: Lesbian, Gay, Bisexual, Transgender, Queer, Intersexual, Asexual, e chi più ne ha ne metta.

La seconda novità è che la proliferazione delle minoranze sessuali (e quindi protette, in quanto diverse) non ha condotto alla ricerca di un unico pronome "inclusivo" (cosa già alquanto bizzarra, in quanto artificiosa), bensì a una esplosione di pronomi, ciascuno completo della sua più o meno cervellotica declinazione. Eccone un campione:

1	2	3	4	5
(f)ae	(f)aer	(f)aer	(f)aers	(f)aerself
e/ey	em	eir	eirs	eirself
he	him	his	his	himself
per	per	pers	pers	perself
she	her	her	hers	herself
they	them	their	theirs	themself
ve	ver	vis	vis	verself
xe	xem	xyr	xyrs	xemself
ze/zie	hir	hir	hirs	hirself

Nota esplicativa del sito qualtrics.com: "La prima riga indica due insiemi di pronomi distinti, ma pronunciati in modo simile." (fonte primaria: Università del Wisconsin-Milwaukee)

La terza novità è che, secondo le numerose organizzazioni che pretendono di insegnarci come parlare, la scelta del pronome è completamente arbitraria e soggettiva: è l'individuo che deve decidere (liberamente) con quale pronome gli altri (obbligatoriamente) devono chiamarlo. Un transessuale FtM (femmina che diventa maschio) può pretendere di essere chiamato con il pronome "xe", una transessuale MtF (maschio che diventa femmina) può esigere il pronome "per", che a sua volta può essere scelto anche da una lesbica, o magari da un bisessuale.

La quarta novità è che le organizzazioni che, senza alcun mandato collettivo, promuovono la babele dei pronomi ora pretendono pure che in qualsiasi conversazione ci si presenti dichiarando i propri pronomi, si chieda all'interlocutore quali sono i suoi, e pure che – quando qualcuno sbaglia i pronomi di qualcun altro – lo si redarguisca "gentilmente". Una volta ci si chiedeva come ti chiami, da dove vieni, che cosa fai, ora ci si chiede che pronome sei.

In un mondo in cui la maggior parte della popolazione ha problemi ben più seri, concreti, e drammatici, l'esito della guerra dei pronomi rischia di essere la creazione di nuove discriminazioni e stigmatizzazioni. Questa volta ai danni di quanti non vogliono o non possono adeguarsi ai molestatori della lingua. Perché il paradosso della battaglia per un linguaggio "inclusivo" e "non discriminatorio" è che gli unici a poterlo maneggiare con destrezza sono i membri delle classi alte: docenti, magistrati, operatori dell'editoria e dell'industria culturale, manager, tecnici, giornalisti della carta stampata e dei siti. La guerra dei pronomi è anche un formidabile amplificatore della frattura fra élite e popolo.

Cieco e nano

In un breve editoriale pubblicato sul portale dell'università di Padova, uno studioso che si occupa di biologia evoluzionistica racconta che sta per pubblicare negli Stati Uniti un testo di argomento scientifico (l'evoluzione), e che la redattrice (americana) della casa editrice gli ha chiesto di cambiare alcune parole. Due in particolare: cieco e nano.

La cosa non ci stupisce, i due aggettivi sono da anni considerati offensivi per i non vedenti e le persone di bassa statura, e quindi è invalso l'uso di evitarli. È il normale funzionamento del politicamente corretto.

La solita ipocrisia degli eufemismi, si potrebbe pensare. Ma se andiamo a vedere i sostantivi a cui erano collegati i due aggettivi, la questione non è così semplice: lo studioso usava l'aggettivo *cieco* per parlare della selezione naturale che è cieca (cioè non segue un piano); e usava la parola *nano* per parlare di una specie particolare di elefanti, detti elefanti nani, per cui l'essere di dimensioni ridotte può essere vantaggioso, in quanto abitanti di isole piccole.

Dunque?

Potrebbe trattarsi di uno scherzo. Magari l'autore è un dottorando burlone che si diverte a prenderci in giro o vuole denigrare gli Stati Uniti. Ma non è così. Lo studioso esiste, si chiama Telmo Pievani, ha studiato in Italia e negli Stati Uniti, attualmente è docente ordinario di Filosofia delle scienze biologiche, ha incarichi nazionali e internazionali prestigiosi, un mare di pubblicazioni, un curriculum accademico splendido.

Quindi una spiegazione dobbiamo trovarla. Se una redattrice di bozze non capisce che "evoluzione cieca" ed "elefante nano" sono espressioni che non possono offendere nessuno, una ragione deve esserci.

Ma quale può essere?

Sembra evidente. La correttrice ha reagito di fronte agli aggettivi cieco e nano considerandoli a sé, avulsi, staccandoli dal contesto e ignorando il collegamento ai sostantivi: li ha giudicati negativi, senza badare al contenuto. Ha applicato uno schema senza pensare, perché lo schema è ormai acquisito e agisce in automatico. Ha in mente un elenco di parole radioattive, per cui il suo compito è di eliminarle comunque, a prescindere dal contesto e dal significato: sono parole malate e dannose. Come i virus. Nel dubbio lavarsi le mani sempre.

In tal modo il politicamente corretto vince sul ragionamento e su ogni logica, per cui la correttrice può agevolmente chiedere all'autore qualcosa di assurdo. In effetti gli sta chiedendo di scrivere due affermazioni abnormi e grottesche: "L'evoluzione è non vedente", "Esiste una particolare specie di elefanti, detti elefanti di dimensioni ridotte" (o "di bassa statura", o "verticalmente svantaggiati").

È questo il passaggio sottile, lo slittamento quasi inavvertito, dal politicamente corretto (non dire "nano" di *una persona*) al follemente corretto (non dire "nano" di *un elefante*). Se le correttrici e i correttori di bozze si atterranno al protocollo di sostituzione, ne usciranno modificati (e ridicolizzati) ogni genere di romanzi, racconti, saggi, opere scientifiche, manuali. Pensate al capolavoro *Nel paese dei ciechi* di Herbert George Wells. O alle ormai numerosissime parole che, in fisica, in ingegneria, in medicina, iniziano con "nano" (nanotecnologia, nanoparticelle, nanometro): dovremo redarguire chi ci dicesse "Arrivo subito, aspetta un nanosecondo"? E infine alla dea Fortuna, che già Cicerone nel *De amicitia* diceva cieca, e che ora dovremmo dire non vedente?

Ci sarebbe anche un'altra ipotesi: la colpevole non è la redattrice, che si limita a eseguire meccanicamente l'ordine di scovare ed espungere – ovunque siano – tutti i termini di una determinata lista di parole proibite. Sono i vertici delle case editrici, terrorizzati dal rischio che qualcuno – particolarmente stupido – inneschi una campagna denigratoria contro di loro, a pretendere tali correzioni. Considerando molto stupidi noi, pubblico di lettori.

Bullismo etico

Dilemmi è, a mio parere, uno dei più intelligenti e ben costruiti programmi della RAI. Ideato e condotto da Gianrico Carofiglio, si basa su un'idea tanto semplice quanto innovativa: scegliere una questione controversa, e invitare a discuterne due persone competenti, che la pensano in modo opposto ma sono disposte a confrontarsi in modo civile.

È quel che è successo, per esempio, con il recente confronto fra lo scrittore premio Strega Emanuele Trevi e la linguista Vera Gheno, paladina del linguaggio inclusivo (ma lei preferisce chiamarlo "ampio") e sostenitrice dell'uso dello schwa (ə) per formare il plurale: anziché scrivere cari spettatori, oppure care spettatrici e cari spettatori, dovremmo scrivere: carə spettatorə (ma resta il "dilemma" di come pronunciarlo).

La discussione si è animata varie volte, ad esempio quando è stata richiamata la decisione del comune di Bologna di bandire parole "maschiliste" come "fratellanza" e "paternità" nel caso si riferiscano a donne, e di sostituirle con "solidarietà" e "maternità" (curioso parlare della "maternità" di un'opera d'arte o di un testo...).

Il passaggio più interessante, però, è stato allorché Trevi ha spiegato le ragioni per cui il linguaggio politicamente corretto ma artificiale non gli piace.

Una ragione riguarda il suo mestiere di scrittore: il rispetto delle prescrizioni dei guardiani della lingua politicamente corretta vincola, limita, impoverisce la scrittura.

Ma l'altra ragione ci riguarda tutti: quando qualcuno ci scrive facendo sfoggio di schwa, asterischi e artifici linguistici vari volti a includere e non offendere, in realtà ci sta anche dicendo che lui "si sente migliore, che sta facendo una cosa per il mondo".

Detto in modo più crudo di quello di Trevi: il linguaggio politicamente corretto, specie se usato nei confronti di qualcuno che parla e scrive in modo naturale (non artificioso), funziona come una forma di bullismo etico, un modo per segnalare la propria sensibilità morale, o la propria superiore virtù (il cosiddetto *virtue signalling*).

Si potrebbe obiettare che, dopotutto, gruppi e minoranze che fanno esperimenti sulla lingua sono sempre esistiti. Pensiamo ai poeti ermetici, alla letteratura sperimentale, al Gruppo 63, per stare al contesto italiano. Ma proprio questi esempi storici mostrano la radicale differenza con ciò che succede oggi. In quei casi le istanze di cambiamento della lingua non poggiavano, come ora, su un progetto politico di cambiamento della società, e tantomeno pretendevano di uscire dall'ambito letterario, coinvolgendo la gente comune. Oggi al contrario la sperimentazione linguistica ha l'ambizione di propagarsi al resto della società, e grazie a Internet ha la possibilità tecnologica di farlo. Contemporaneamente, i suoi destinatari hanno ipso facto la chance di convertirsi, diventare essi stessi propagatori della neolingua, e infine ergersi a censori di chi non si converte.

Certo, per ora l'obbligo di adeguarsi alle regole della neolingua vige solo nelle grandi istituzioni come l'Unione Europea, in alcune università, nelle amministrazioni locali che vogliono fare sfoggio di virtù. Il singolo cittadino, nella vita come in rete, è liberissimo di non adeguarsi, e continuare a parlare come prima. Nessuno gli impone nulla. Ma il fatto di sapere che alle sue scelte linguistiche non verrà attribuito un significato stilistico, bensì una portata etica e morale, è già sufficiente a esercitare una formidabile pressione psicologica.

Soprattutto in rete, il rischio di finire in una *shitstorm*, coperto di improperi per un aggettivo sbagliato o una desinenza scorretta, è troppo forte. A quel punto, la tentazione dell'autocensura e dell'adeguamento può diventare irresistibile.

Benvenuti a bordo

Immaginiamo di prendere un aereo, e di sederci tranquillamente al nostro posto. Allacciamo la cintura di sicurezza, guardiamo dal finestrino, apriamo il giornale. A un certo punto, siamo raggiunti dalla voce del comandante che ci saluta con il consueto "gentili signore e signori, benvenuti a bordo", seguito dall'inglese "ladies and gentlemen, welcome on board".

Tutto normale, direi. L'intenzione della compagnia è di dare il benvenuto a tutti, con semplicità e cortesia. È sempre andata così, da quando esistono gli aerei. E nessuno ha mai avuto nulla da ridire, perché – ovviamente – non c'è nulla da ridire.

Ora non più. Dipende da che compagnia scegliamo. Se scegliamo Lufthansa, ad esempio, non ascolteremo più il classico "Sehr geehrte Damen und Herren, herzlich willkommen an Bord", un saluto particolarmente gentile che – letteralmente – significa "stimatissime signore e signori, un sentito benvenuto a bordo". Ora saremo accolti da un più secco "Guten Tag", ossia "buongiorno".

Che cos'è successo?

È successo che il nuovo politicamente corretto è arrivato al punto di convincere Lufthansa a eliminare questo tipo di saluto, per non offendere chi, eventualmente, non fosse certo di essere Dame o Herr. E il bello è che Lufthansa, come tutte le compagnie terrorizzate di finire in qualche polemica e di essere accusate di sessismo, razzismo, discriminazione, è stata al gioco. D'ora in poi il pilota non saluterà con l'escludente "care signore e cari signori", ma con l'inclusivo "buongiorno".

Anja Stenger, portavoce della compagnia, fa sapere:

> Per noi è importante tenere in considerazione tutti al momento del saluto, la diversità non è una frase vuota, da ora vogliamo esprimere la nostra attenzione al linguaggio.

L'importante non è migliorare il servizio, magari fornendo sedili più comodi, cibo di qualità, spazi per le valigie, code meno lunghe all'imbarco. L'importante è segnalare la virtù della compagnia aerea, proteggendola così da ogni accusa degli attivisti.

Pensate che il caso sia isolato, e rifletta la proverbiale rigidità teutonica?

Niente affatto. La decisione di Lufthansa, presa nel luglio del 2021, è stata imitata anche da Easy Jet, Air Canada e British Airways. Il portavoce di quest'ultima ha commentato così:

> Celebriamo la diversità e l'inclusione e ci impegniamo a garantire che tutti i nostri clienti si sentano i benvenuti quando viaggiano con noi.

Soluzione: il neutro plurale *passengers* sostituirà il discriminatorio *ladies and gentlemen*.

Si ripete così, in forma grottesca, quel che già era accaduto con il politicamente corretto delle origini, quando parole un tempo innocenti come cieco e bidello cominciarono a essere considerate offensive. Là era per non offendere, qui ora è per includere; ma la cosa importante è sempre la stessa: essere virtuosi.

E il fatto che un manipolo di compagnie segnali la propria virtù abolendo il "signore e signori" rischia di imporre uno stigma del tutto ingiustificato a chiunque, istituzione o individuo, non faccia la medesima cosa. Una trasmissione TV che esordisca con "care spettatrici e cari spettatori", un ufficio che invii una comunicazione iniziando con "gentili signore e signori", un preside che si rivolga ai suoi insegnanti con "care colleghe e cari colleghi" potrebbero essere accusati di insensibilità, offensività, non inclusività, discriminazione.

Anche le cose si offendono

Supponete di essere un tecnico del suono, e di stare armeggiando con un amplificatore, perché dovete collegarlo a una cassa acustica. Vi rivolgete al vostro aiutante, e gli dite: "Passami il cavo con il jack maschio." Oppure: "Non trovo il jack femmina, l'hai preso tu?"

Qualcuno può offendersi? Può accusarvi di sessismo? O di usare un linguaggio irrispettoso, o poco inclusivo?

Ovviamente no. Operai e tecnici del suono sono persone concrete, da almeno 70 anni maneggiano jack (spinotti) maschi e femmina, e nessuno si è mai turbato sentendo parlare di jack maschio e jack femmina. Almeno in Italia.

Ma supponete di essere negli Stati Uniti. L'associazione americana dei produttori di materiali audio (PAMA) ha pensato che, al giorno d'oggi, non si poteva continuare a parlare di jack "maschio" e jack "femmina". E ha dato le sue direttive: d'ora in poi, in uno "spirito di inclusività e coerenza", il jack maschio sarà chiamato *plug* (spina), quello femmina *socket* (presa). E chi dovesse ancora parlare di jack maschio e jack femmina sarà guardato di brutto.

Anziché affrontare i problemi concreti del settore, dai salari alle condizioni di lavoro, l'associazione dei produttori di materiali audio preferisce occuparsi di come operai e tecnici parlano dei cavi che maneggiano. E non esita a pavoneggiarsi della propria virtù.

Karrie Keyes, direttrice esecutiva delle "ragazze del suono" (SoundGirls), non riesce a nascondere la sua soddisfazione per le nuove regole promosse dall'associazione dei produttori audio. Ma deve ammettere che la strada è ancora lunga:

> Un plauso per PAMA che cerca di introdurre un linguaggio neutro nell'industria audio. È un'impresa enorme, ma bisogna continuare a lavorare per portare cambiamenti significativi in questo settore.

La cosa interessante di questo caso è che non riguarda la tutela della sensibilità delle persone, di cui si occupava il politicamente corretto delle origini. Il nuovo politicamente corretto vede sessismo-razzismo-discriminazione anche nel modo in cui parliamo di oggetti inanimati. Per i suoi miliziani la sorveglianza sulla correttezza del linguaggio deve essere totale, la punizione e rieducazione dei reprobi devono essere puntuali, sistematiche. Le parole e le cose. Le cose e le persone. Come se l'offesa fosse trasmissibile – o magicamente evocabile – da cosa a persona (e viceversa).

E infatti la scure si abbatte non solo sugli innocenti jack, ma anche sui dispositivi elettronici e sui computer, dove da sempre si è parlato di architettura *master-slave* per caratterizzare un sistema con un dispositivo principale e uno ausiliario. D'ora in poi, per evitare di evocare il colonialismo, la schiavitù, l'oppressione dei neri, agli ingegneri e ai tecnici toccherà trovare dicotomie alternative, più democratiche e inclusive: primary/secondary; main/subordinate; director/performer; leader/follower, e così via.

Osservazione finale: se soldi, energie, personale, sforzi di comunicazione vengono spesi per togliere dalla circolazione espressioni come jack maschio, jack femmina, architettura master-slave, non stupisce che buona parte dei marxisti e tante femministe considerino le ossessioni linguistiche del politicamente corretto come un'arma di distrazione di massa, che permette all'establishment capitalista di distogliere l'attenzione della gente dalle vere diseguaglianze e dalle reali discriminazioni che ancora affliggono il nostro mondo.

Parole sconsigliate

Forse qualcuno ricorderà che qualche anno fa, in vista del Natale, la Commissione Europea aveva preparato una sorta di vademecum, a uso interno, con un minuzioso elenco di raccomandazioni linguistiche. Fra di esse, insieme a un nugolo di consigli curiosi, spiccava l'invito a non usare espressioni come le "vacanze di Natale", perché non tutti in Europa sono cristiani. Il documento era così mal concepito che venne ritirato, in attesa di una versione più sensata (di cui per ora non c'è traccia).

A riempire il vuoto di linee guida ha recentemente provveduto l'università inglese di Brighton che – più o meno con le stesse motivazioni – ha consigliato a studenti, professori e personale di non parlare di Natale ma di "Periodo di chiusura invernale".

E in Italia?

Anche in questo campo siamo all'avanguardia, specie nelle scuole. Da noi gli episodi di soppressione del presepe, cancellazione di recite natalizie, alterazione dei testi delle canzoni (Perù al posto di Gesù) si susseguono da anni, anche se – fortunatamente – toccano poche scuole, e sono promossi da pochi insegnanti iper-ideologizzati. Le motivazioni sono sempre le stesse, in Italia come nel resto di Europa: non offendere gli islamici, far sì che tutti "si sentano al sicuro, apprezzati e rispettati".

Qui non ho la minima intenzione di entrare nella controversia fra difensori delle nostre radici cristiane e laici intransigenti. Ciò su cui vorrei attirare l'attenzione è una questione di natura fattuale: siamo sicuri che i musulmani si offendano?

A giudicare dalle innumerevoli prese di posizione pro-presepe delle famiglie e delle associazioni di fede musulmana direi proprio di no. E del resto esiste una controprova: nessun europeo sano di mente si indigna, si offende o si turba se – visitando un paese a maggioranza musulmana – incorre in simboli, riti o celebrazioni di quel credo; semplicemente prende atto che, in quel paese, la maggioranza aderisce a una religione diversa da quella prevalente in Europa.

O vogliamo essere così etnocentrici, presuntuosi, e pure un po' razzisti da pensare che i non-europei siano incapaci di fare quel che con grande naturalezza facciamo noi, ovvero accettare che ogni popolo ha le sue tradizioni e tutto il diritto di seguirle?

Ed ecco che, allora, dobbiamo cambiare la domanda: perché, nelle nostre raccomandazioni, presumiamo che i musulmani possano offendersi, turbarsi, o non sentirsi al sicuro?

Per capirlo, dobbiamo spostarci di ambito, e occuparci di quello che, da una ventina d'anni, sta capitando nella scuola e nella famiglia. Ebbene, secondo un'imponente letteratura sociologica e soprattutto psicologica, il fenomeno emergente del nuovo millennio, in America come in Europa, è l'affacciarsi di una generazione di ragazze e ragazzi profondamente toccati da insicurezza, ansia, dipendenza (non solo da Internet), narcisismo, fragilità emotiva, suscettibilità, scarsa resilienza, incapacità di sostenere opinioni difformi dalle proprie. Generazione che, a sua volta, è il frutto di una generazione di genitori individualisti, iperprotettivi, iperindulgenti, sostanzialmente incapaci di educare. Il fenomeno è talmente vistoso che ha dato luogo a tutta una terminologia, perlopiù negativa, per descrivere genitori e figli: helicopter parenting (genitori-elicottero, ipersorveglianti), overparenting (genitori iperprotettivi), snowflake generation (generazione fiocco di neve), strawberry generation (generazione fragola), nation of wimps (nazione di schiappe). Chi vuol farsene un'idea, può leggere *La generazione ansiosa*, il documentatissimo e drammatico libro di Jonathan Haidt.

Ed ecco la risposta alla nostra domanda: se i funzionari europei presumono che i musulmani possano risentirsi per un presepe o per un augurio di Natale forse è perché proiettano su di loro le *nostre* nuove fragilità psicologiche e turbe ideologiche. Nel medesimo documento che invita a chiamare il Natale "periodo di chiusura invernale" compaiono raccomandazioni come: non parlare di colonizzazione di Marte (perché evoca il passato coloniale?), non parlare di insediamenti umani su Marte (perché vengono in mente gli insediamenti israeliani in Palestina?), non parlare della coppia Maria e Giovanni (troppo cristiano, meglio Malika e Julio), non dire "il ministro e la moglie" (meglio "la partner", anche se è sua moglie). Ma, soprattutto, compare questo surreale invito: "Evitare un linguaggio che suggerisca che essere più vecchi sia uno stato non desiderabile."

No, cari eurocrati: essere più vecchi è peggio che essere più giovani, e fingere che sia desiderabile – questo sì – è poco rispettoso, non tanto della vecchiaia ma dell'intelligenza di tutti.

2. Intimidire, disinvitare, escludere

Maometto e il calvario di Erika

Storicamente, una delle prime manifestazioni del follemente corretto fu l'imposizione, nelle università americane, dei cosiddetti *trigger warning*, espressione difficilmente traducibile in italiano. Letteralmente significa "avvisi di attivazione", o "avvertimenti di innesco". In concreto, nel contesto universitario in cui veniva e viene di solito usata, significa: attento, quel che sto per farti sentire o vedere potrebbe scatenare in te una reazione di timore, imbarazzo, turbamento, sofferenza eccetera (e quindi io, professore sensibile e illuminato, ti metto in guardia, così se non te la senti puoi uscire dall'aula).

Ma che cos'era così potenzialmente scatenante da richiedere un avvertimento? Film violenti, con sangue, torture, crudeltà verso bimbi innocenti? Materiale pornografico, con scene sadomaso e umiliazioni delle vittime? Racconti di rara crudezza o oscenità?

No, nulla di tutto questo. Nel mirino dei trigger warning, nell'università e fuori, sono finite opere come la *Divina*

Commedia, i miti greci, i dipinti di Gauguin, *Via col vento*, *Dumbo*, i film western eccetera. Il tutto perché nei loro contenuti, o nella vita dei loro autori, qualcuno poteva trovare tracce di sessismo (Zeus e le dee), razzismo (Rossella O'Hara nel Sud schiavista), suprematismo bianco (cowboy contro indiani), islamofobia (Maometto nell'Inferno) eccetera.

Di qui la pratica, ampiamente diffusa negli Stati Uniti, di avvertire gli studenti, gli ascoltatori, gli spettatori dei pericoli che potrebbero correre esponendosi a certe opere; cosa che facciamo anche noi in Europa, ma solo con i bambini (ad esempio mediante l'istituto delle fasce orarie protette in TV).

Si potrebbe supporre che, se assume le dovute precauzioni mediante i *trigger warning*, un professore americano sia al riparo da ogni critica. Invece no. Alla fine del 2022, nell'università Hamline a Saint Paul (Minnesota), la professoressa Erika López Prater, docente (precaria) di storia dell'arte, sapendo che, per una parte del mondo musulmano, esporre l'immagine del Profeta è sacrilegio, si cautela avvisando gli studenti che, fra le immagini che si accinge a mostrare, ve ne sarebbe stata una di Maometto. Non solo, arrivata alla diapositiva critica, annuncia che sta per mostrarla, e che chi vuole può uscire. Nessuno obietta, e la lezione ha termine. Fin qui siamo al follemente corretto classico: gli studenti, per quanto maggiorenni, sono trattati come fanciulli iper-sensibili e iper-impressionabili.

Ma nei giorni successivi interviene un salto di qualità. Alcuni studenti musulmani si rivolgono all'amministrazione dell'università, accusando la professoressa López Prater di islamofobia. Qualcuno paragona l'esibizione del dipinto a una apologia di Hitler. Il presidente della università di Hamline si schiera contro la professoressa, affermando che "il rispetto per gli studenti musulmani avrebbe dovuto prevalere sulla libertà accademica". E non le rinnova il contratto per il semestre successivo.

La storia mostra che il follemente corretto non conosce limiti, e incide pesantemente anche sulle carriere: prima bastavano i *trigger warning*, ora si pretende la censura, si blocca un contratto, si sospende un docente, domani chissà. Ma la vicenda è ancora più interessante per le reazioni che ha suscitato, alcune favorevoli, altre contrarie alla professoressa. Fra le reazioni pro-Erika spicca quella di una associazione musulmana, il Muslim Public Affairs Council (MPAC), che rilascia un lungo e intenso comunicato in cui afferma che:

(a) la questione dell'esposizione dei dipinti di Maometto è controversa nel mondo musulmano;
(b) il dipinto in questione non è islamofobico;
(c) la professoressa ha agito con correttezza, e dovrebbe essere ringraziata per il modo empatico e critico in cui ha educato gli studenti.

Le ultime parole del documento sono:

> *Sulla base dei nostri universali e condivisi valori islamici, noi affermiamo la necessità che nelle istituzioni universitarie vengano promossi spirito di libera indagine, pensiero critico, diversità dei punti di vista.*

Niente da imparare, Occidente?

Parentesi e intimidazioni

La parola "donna" sta diventando problematica, anzi esplosiva. Se la usi, rischi di bruciarti. Specie se sei una donna.

La deflagrazione è avvenuta nel 2019, in particolare nel Regno Unito, dove tutta una serie di aziende, istituzioni, organizzazioni varie hanno iniziato a sostituire parole come donna con parole come persona con l'utero, persona con vagina, persona con cervice uterina, o addirittura *menstruator*, e parole come futura mamma con persona incinta. Il tutto per includere, nella pubblicità di prodotti per le donne o nelle linee guida di determinati servizi medici per le donne, anche i trans FtM ossia le persone femmine alla nascita ma successivamente transitate a un'identità di genere maschile.

In breve, l'idea era di cancellare la parola donna, nonché le immagini femminili largamente presenti sulle pubblicità e le confezioni dei prodotti, perché quella parola e quelle immagini escluderebbero chi è nato femmina ma è successivamente transitato al genere maschile (trans FtM). E, simmetricamente, di usare la parola "donne" in modo estensivo, ossia per designare chiunque si senta tale, anche se biologicamente maschio (trans MtF), il tutto secondo il motto *trans women are women*, che potremmo parafrasare in "anche i maschi che si sentono donne sono donne".

Di qui una serie di conflitti e lotte acerrime, che hanno portato anche a una impressionante sequenza di contestazioni, allontanamenti, dimissioni, licenziamenti, minacce verso scrittrici, docenti, giornaliste, impiegate, lavoratrici accomunate dal fatto di difendere i diritti e gli spazi delle donne biologicamente tali, con conseguente esclusione dei maschi MtF.

Ne sa qualcosa Joanne Rowling, l'autrice di *Harry Potter*, che nel 2020 si beccò ogni sorta di improperio (a partire da TERF: Trans Exclusionary Radical Feminist) per aver ironizzato sulla campagna per bandire la parola donna dalle comunicazioni dirette a donne biologicamente tali.

Da allora, l'uso della parola donna è sempre più controverso, per non dire rischioso: una parte del mondo femminista lo rivendica, ed esige che la parola sia riservata a chi è biologicamente di sesso femminile (e tale rimane), mentre una parte del mondo LGBT+ lo contesta, e pretende che – per indicare chi è biologicamente di sesso femminile – non si parli di donne, ma si usi una delle tante espressioni inclusive adottate dalle aziende e organizzazioni più deferenti verso le rivendicazioni trans.

Ma non basta. Ultimamente, il termine donna è diventato controverso anche perché una parte del mondo LGBT+ contesta il cosiddetto binarismo, ossia la distinzione stessa fra maschi e femmine. Secondo questo modo di vedere, può risultare impossibile riconoscersi univocamente in uno dei due generi, e comunque gli "stati di genere" possibili, ossia i modi di autopercepirsi, sarebbero infiniti e cangianti nel tempo. Di qui la continua ricerca, nella pubblicità, sui media, nelle grandi corporation, di formulazioni inclusive, capaci di venire incontro alle suscettibilità di chiunque (salvo irritare chi non avesse speciali suscettibilità, o fosse dotato di sense of humour). La parola donna è diventata incandescente.

Poca attenzione, finora, è stata rivolta alle conseguenze che questa ossessiva vigilanza sugli usi della parola donna produce sulla qualità della scrittura delle donne stesse. Terrorizzate dalle guardie rosse della lingua corretta, timorose di incorrere in anatemi e scomuniche come quelle che hanno colpito la più celebre Rowling, molte giornaliste, studiose e scrittrici stanno perdendo la capacità di esporre limpidamente il loro pensiero.

Ed ecco che, in un articolo che parla d'altro, ci si sente in dovere di spiegare perché non si usa lo schwa, che pure sarebbe una cosa bellissima e giustissima. Oppure ci si scusa di usare la parola donne, e si perde tempo con parentesi giustificatorie e precisazioni ovvie.

Esempi?

Se ne potrebbero fare diversi, ma ne basta uno a illustrare il meccanismo.

Ecco tre parentesi, tutte inserite nel medesimo articolo di giornale, firmato dalla scrittrice e filosofa Michela Marzano:

> Vorrei tanto che le donne della mia generazione (*anche se dire "le donne" non mi piace, è un'espressione che non ha senso, non esiste alcuna entità omogenea capace di riassumere le mille sfumature dell'esistenza femminile*) eccetera...
>
> E se le donne (*sebbene ritenga opportuno finirla con quest'opposizione binaria fra gli uomini e le donne*) eccetera...
>
> Noi donne (*anche se la genericità del termine non mi piace*) eccetera...

Se anche Michela Marzano, una scrittrice che stimo molto e leggo sempre con interesse (bellissimo il suo romanzo sul consenso, *Sto ancora aspettando che qualcuno mi chieda scusa*), ritiene indispensabile prendere le distanze dalla parola "donne", dobbiamo riflettere.

Che cosa aggiungono le parentesi? La consapevolezza che qualsiasi termine generale – non solo le donne, ma anche gli uomini, i giovani, gli operai, i ricchi, gli idraulici, le attrici, i cani – non può che riferirsi a uno spettro di condizioni molto diverse? Qualcuno non lo sapeva già? E poi, perché ripetere per ben tre volte che sì, uso l'espressione "le donne" ma in realtà non la vorrei proprio usare?

La ragione potrebbe essere, semplicemente: mettere le mani avanti, proteggersi dal rischio che una esponente del mondo LGBT+, follemente corretta, possa chiamare l'autrice dell'articolo sul banco degli imputati, chiedendole conto dell'uso troppo disinvolto della parola donne. Insomma, non vorrei che, dietro lo schermo delle parentesi, ci fossero essenzialmente due cose: il potere intimidatorio dei guardiani della lingua, la (conseguente) mancanza di libertà di chi scrive.

Ironia della sorte: il titolo dell'articolo è "Meglio donne libere che donne di potere".

La libertà di parola: il caso Stock

In Italia se ne è parlato poco, ma il caso Stock merita una riflessione. Kathleen Stock è (anzi era) una docente di filosofia dell'università del Sussex, femminista e lesbica, recentemente insignita del titolo di Ufficiale dell'Ordine dell'Impero Britannico per i suoi meriti accademici.

Alla fine del 2021 è stata costretta ad abbandonare la sua cattedra e l'insegnamento a causa delle minacce, intimidazioni, persecuzioni cui studenti e colleghi la avevano sottoposta per le sue idee, etichettate come "transfobiche", in materia di sesso biologico e identità di genere. In un libro (*Material Girls*) aveva osato dire che la biologia conta, e sono donne solo le persone biologicamente tali.

Non si pensi, però, alle solite campagne denigratorie, basate su tweet e cancelletti, di cui ci dilettiamo in un paese comparativamente mite e tutto sommato ancora bonaccione come l'Italia: le cronache britanniche raccontano che le intimidazioni verso la professoressa Stock erano giunte a un punto tale da indurre la polizia a farle ingaggiare una guardia del corpo, installare camere di videosorveglianza davanti a casa, nonché ad assegnarle un numero di emergenza cui ricorrere in caso di pericolo.

Il caso della Stock è solo l'ultimo di una serie impressionante di episodi di censura e intimidazione che, specie nel mondo anglosassone e con crescente frequenza negli ultimi anni, hanno colpito la libertà di espressione nelle università, nelle scuole, nei giornali, nell'editoria, nella televisione, nel cinema, nello spettacolo.

Ma la libertà di espressione di chi?

Un po' di tutti, a quel che si apprende dalle cronache. Ma in misura assolutamente preponderante la libertà delle donne, specie se femministe e impegnate in lavori intellettuali, come scrittrice, giornalista, professoressa universitaria. La ragione di tale accanimento è semplice: i più radicali tra gli attivisti LGBT+, che legittimamente propagandano le proprie idee e rivendicazioni in materia di sesso e di genere, non tollerano che le donne si facciano portatrici di idee diverse, o opposte, rispetto a quelle prevalenti nei segmenti più estremi del loro mondo. Se ciò accade, scattano campagne di denigrazione, esortazioni alle università perché non invitino le reprobe (o le disinvitino, se già invitate), contestazioni e manifestazioni di protesta. Il tutto accompagnato dall'accusa suprema: essere delle TERF.

Questa vicenda presenta due aspetti sociologicamente interessanti. Il primo è che l'attacco alla libertà di espressione, pur minacciando tutti (se non altro come pressione all'autocensura), oggi colpisce soprattutto le donne, specie se femministe e/o impegnate in una professione intellettuale. Ed è paradossale che questo attacco alla libertà delle donne, tradizionalmente descritte come discriminate, avvenga proprio in nome dei diritti di una minoranza – i maschi transitati o transitanti a femmine – a sua volta discriminata.

Il secondo aspetto interessante è il fatto che l'accusa di transfobia, fuori luogo quando viene rivolta a donne che esprimono la loro opinione in materia di identità di genere, finisca per funzionare come una profezia che si autoavvera. Etimologicamente, transfobia non significa odio per i trans, ma paura (dal greco *phobos*) nei loro confronti, ed è quantomeno curioso che sia invalso l'uso di dire "paura" e intendere "odio". Ma nel momento in cui una donna viene minacciata, fisicamente e moralmente, in nome dei diritti di una comunità (in questo caso quella trans), è normale che la medesima donna cominci davvero, quali che fossero i suoi sentimenti precedenti, a provare paura dei membri di quella comunità. Una paura che prima non provava, e che è stata suscitata dalle intimidazioni cui è stata sottoposta. La professoressa Stock, alla fine del 2021, ha lasciato l'università precisamente perché aveva paura degli studenti, dei colleghi e degli attivisti che la minacciavano per le sue idee.

Con un singolare contrappasso: la lotta al fantasma della transfobia finisce per generare transfobia vera e letterale, pura e semplice paura fisica dei membri di una comunità.

Come se ne esce?

Dipende da dove si vive. Nel Regno Unito, ad esempio è stato il governo stesso, anche sotto la pressione del caso Stock, a varare nel 2023 una legge per garantire la libertà di espressione nelle università esistenti, proteggendo professori e studenti dalla prepotenza degli attivisti e dalle campagne di *deplatforming* (disinvito di conferenzieri già invitati). La legge, denominata Higher Education Freedom of Speech Act, prevede tutta una serie di misure (compresi risarcimenti) a tutela di studenti, docenti e visitatori che difendono in pubblico idee controverse (ma l'entrata in vigore della legge è in dubbio, per l'ostilità del governo laburista da poco eletto).

Negli Stati Uniti molti professori ormai pensano che la battaglia per ripristinare la libertà di espressione nelle loro università sia perduta, e che per cambiare le cose occorrerebbe troppo tempo. Quando un'istituzione come un grande e prestigioso ateneo comincia a credere che la sua missione sia la "giustizia sociale", anziché la ricerca disinteressata della verità e della conoscenza, è inutile sperare che sia in grado di proteggere la libertà di pensiero. Di qui l'idea di fondare università libere, in cui professori e studenti possano esprimere senza timore le loro idee, anche se radicali, eterodosse, controcorrente, abrasive. Sta succedendo a

Austin, in Texas, e forse la professoressa Stock troverà rifugio proprio lì.

E in Italia?

Qui da noi i segnali di censura e di intimidazione si stanno moltiplicando. Forse il più inquietante è stato il mese di sospensione (dall'insegnamento e dallo stipendio) che l'università Statale di Milano ha inflitto al professore Marco Bassani – ordinario di Storia delle dottrine politiche – per aver condiviso sulla sua pagina Facebook una vignetta sarcastica su Kamala Harris, vice di Joe Biden (allora da poco eletto presidente degli Stati Uniti).

Non entro nel merito del contenuto della vignetta (che, a seconda dei punti di vista, può essere giudicato sessista o femminista) ma il punto è che un'istituzione pubblica – l'università di Milano – è intervenuta contro un atto di mera condivisione, compiuto al di fuori dell'università, in uno spazio semi-privato (la pagina Facebook è accessibile solo agli iscritti).

Nonostante queste circostanze, e in barba all'articolo 21 della Costituzione sulla libertà di manifestazione del pensiero, la magistratura ha avallato la decisione dei vertici accademici, la stampa progressista ha messo in croce il reprobo, e i colleghi (anche quelli solidali con lui) si sono ben guardati dal difenderlo in pubblico. Di qui la decisione di lasciare l'università pubblica di Milano per approdare in una più liberale e tollerante università telematica privata.

Dopo il caso Bassani, gli episodi di intimidazione si sono moltiplicati, non solo nelle università. Nel 2022 collettivi di estrema sinistra dell'università di Roma hanno impedito di parlare al giornalista Daniele Capezzone. Nel 2023 femministe e attivisti del clima hanno impedito alla ministra Roccella di presentare il suo libro *Una famiglia radicale*. L'anno dopo, sempre alla ministra Roccella è stato impedito di tenere il suo intervento agli "Stati generali della natalità".

E le cose non hanno fatto che peggiorare dopo l'attacco terroristico di Hamas a Israele del 7 ottobre 2023. Il 7 marzo 2024, alla libreria Odeon di Firenze, i contestatori anti-isrealiani hanno impedito alla giornalista Elisabetta Fiorito di presentare il suo libro su Golda Meir, premier israeliano durante la "guerra dei sei giorni". Stessa sorte – all'università Federico II di Napoli e alla Sapienza di Roma – è toccata a Maurizio Molinari (direttore di *Repubblica*) e a David Parenzo (conduttore radio-TV).

La colpa di entrambi: essere ebrei.

La differenza con i casi inglese e statunitense è che, qui da noi, non si osserva alcuna reazione: nessuna nuova legge a difesa della libertà di espressione, nessun tentativo di fondare università nuove in cui la libertà di parola sia considerata il bene più prezioso.

Cambiare razza

Che si possa cambiare sesso è una eventualità ormai entrata nel senso comune. Le organizzazioni che promuovono i diritti LGBT+ sostengono che la scelta del sesso/genere debba essere individuale, completamente libera, rispettata e riconosciuta da tutti.

Non hanno però messo in conto che la medesima pretesa di scegliere – e far valere – la propria identità potesse essere avanzata in ambiti diversi dal genere: ad esempio quello della razza o del colore della pelle. Dopo quello dei trans-sessuali, è venuto il tempo dei trans-razziali.

Sono celebri, negli Stati Uniti, i casi di Rachel Dolezal, donna caucasica che si è finta di colore per anni (prima di fare outing, nel 2015); o di Korla Pandit, musicista afroamericano che si è fatto passare per indiano; o della professoressa Jessika Krug, figlia di genitori bianchi, che per tutta la vita lavorativa ha fatto credere di essere di colore.

Ma i casi più interessanti sono quelli di coloro che, anziché usare l'inganno, sono ricorsi alla medicina e alla chirurgia per modificare *effettivamente* il proprio corpo.

Il caso più famoso, naturalmente, è quello di Michael Jackson, icona della musica pop, nato negli Stati Uniti ma di origini afro-americane. Ma è un caso fasullo, perché in realtà Michael, che era nero di pelle, non desiderava affatto cambiare razza. Semplicemente, era affetto da vitiligine (una malattia della pelle che copre progressivamente di macchie bianche il corpo), ed era ricorso a tecniche di sbiancamento solo per uniformare il colore della sua pelle e nascondere le macchie bianche.

I tentativi effettivi di alterare la razza sono altri. Martina Big, donna tedesca bianca, è ricorsa a iniezioni di melanina per diventare nera. Oli London, ragazzo bianco inglese, si è sottoposto a 18 (diciotto) interventi chirurgici per diventare come un coreano (più esattamente: per somigliare alla popstar coreana Jimin dei BTS).

Il fenomeno sarebbe rimasto poco più che una curiosità folkloristica se non avesse attirato l'attenzione delle accademiche femministe. Tutto parte da un provocatorio saggio del 2017 di Rebecca Tuvel, giovane docente di filosofia, in cui si sostiene che, così come ammettiamo la possibilità di cambiare genere, per coerenza dovremmo ammettere quella di cambiare razza. Fra i due tipi di transizione, infatti, non sussistono differenze tali da autorizzarne una e negare l'altra.

La filosofa non aveva previsto, però, che la sua difesa del transrazzialismo può portare da tutt'altra parte. I paradossi connessi alla scelta soggettiva della razza (un bianco che diventa nero può godere dei diritti riservati ai neri?), anziché ampliare gli ambiti della autodeterminazione, hanno finito per accendere un faro sull'assurdità di ogni auto-identificazione, di genere o di razza che sia. Di qui una pioggia di contumelie a Rebecca Tuvel, e il contrordine: cambiare razza non si può, solo il genere può essere cambiato.

La lobby LGBT+ è, e deve restare, un club esclusivo, che non ammette nuovi membri.

Se, in nome dell'inclusione, aggiungesse la lettera R (da *Race changing*) per difendere i diritti di chi vuol cambiare razza, qualcuno potrebbe pensare che cambiar sesso/genere sia altrettanto strano che cambiar razza.

3. Tempi duri per l'arte

Riscrivere Roald Dahl

Sul fatto che il mondo dell'arte sia una delle vittime, forse la più illustre, del follemente corretto non vi sono molti dubbi. Sono molte centinaia, forse migliaia, le opere che sono entrate nel mirino dei censori per la loro presunta scorrettezza politica. In alcuni casi, ad esempio l'abbattimento di statue, la censura si è manifestata con la distruzione o rimozione fisica. In altri, ci si è accontentati del ritiro dal commercio o dalle grandi biblioteche: è successo per alcuni popolarissimi libri per ragazzi del dr. Seuss (l'inventore del *Grinch*, Sgruntolo in italiano), così come per *Tintin in Congo* del belga Hergé. In altri, si è manifestata sotto forma di estromissione dal canone: non far leggere Dante, non far eseguire i brani di determinati musicisti considerati "razzisti" sono parsi modi di purificazione del linguaggio dell'arte. In altri ancora la strada è stata quella di preavvertire il pubblico dei terrificanti rischi psicologici cui andava incontro ammirando certi dipinti, vedendo un certo film, guardando un certo cartone animato.

Il tratto comune di tutti questi atti censori è un elemento per così dire negativo: i censori non alterano il contenuto dell'opera, ma si limitano a rimuoverla più o meno compiutamente dallo spazio pubblico, al limite distruggendola (statue), senza avanzare la pretesa di modificarla. Chi pensa che Gauguin facesse male ad amare ragazze polinesiane minorenni non ne ridipinge le tele rimuovendo le ragazze indigene. Chi critica certe scene schiaviste di *Via col vento* non prova a girarne di alternative, magari con l'aiuto dell'intelligenza artificiale. Chi pensa che *Le petit nègre* di Debussy abbia "connotazioni razziste" non ne corregge lo spartito (anche se, va ricordato, non sono mancati ritocchi politicamente corretti ai testi delle opere liriche, ad esempio di Mozart e Rossini).

Però ci sono casi in cui proprio questo succede: i censori, in nome della correttezza politica, si sostituiscono all'autore, e si attribuiscono il diritto di modificarne l'opera. Attenzione: non mi sto riferendo a semplici cambiamenti del titolo, come accadde negli anni quaranta al celeberrimo *Ten Little Niggers* di Agatha Christie (più di 100 milioni di copie vendute), mutato in *Dieci piccoli indiani* o nel più neutro *...E poi non rimase nessuno.* E neppure a casi come quello del regista che fa un film ispirato a un romanzo, e ne altera più o meno radicalmente la trama, l'ambientazione, o il messaggio. O come quello di uno scrittore che – è il caso di Alessandro Baricco con l'*Iliade* e con *Moby Dick* – riscrive un classico in chiave moderna assumendo pienamente la paternità della nuova opera. Quello che ho in mente è quel che accade quando un'opera continua a essere attribuita al suo autore originario (nel frattempo scomparso), ma qualcuno si prende l'arbitrio di manipolarne il testo.

Un esempio classico è quello della *Carmen* di Bizet, opera andata in scena nel 2018 al Maggio musicale fiorentino. In quell'occasione il regista Leo Muscato pensò bene di trasformare la bella gitana da vittima di don José a sua assassina, per non mettere in scena un femminicidio (si era in pieno MeToo). La scelta ebbe il plauso del sindaco Nardella, curiosamente persuaso che il nuovo finale dell'opera veicolasse un "messaggio culturale, sociale ed etico che denuncia la violenza sulle donne, in aumento in Italia". Come se l'arte avesse fini pedagogici, e ai posteri fosse lecito usurpare gli autori classici riscrivendo più o meno liberamente i loro testi.

Ma l'ambito su cui la manipolazione ha trovato il terreno più fertile è quello della letteratura per ragazzi. Qui non sono solo fiorite nuove versioni delle fiabe classiche, spesso del tutto snaturate, ma perlomeno non attribuite agli autori originari. Qui è accaduto che di un autore di straordinario successo e prestigio, il grandissimo Roald Dahl, amato dai bambini di tutto il mondo, venissero manipolate le opere in modo sistematico e pianificato. Allo scopo la casa editrice che ne pubblica le opere (Puffin) ha addirittura ingaggiato una società (*Inclusive Minds*) specializzata nella normalizzazione del linguaggio. Il tutto con il consenso degli eredi di Dahl, pronti a lasciar infierire sui testi.

In che cosa sono consistite le manipolazioni?

Fondamentalmente nella decaratterizzazione dei personaggi e delle situazioni. Dove c'è un personaggio vivido, o una situazione eccitante, o un'immagine forte, o un difetto fisico, o anche semplicemente una deviazione dalla norma, si interviene per smorzare, ammorbidire, smussare, neutralizzare.

Parole come ugly (brutto) o crazy (matto), o espressioni come "doppio mento", vengono espunte. L'aggettivo fat (grasso) sostituito con enormous. Femmina con donna, mamma e papà con genitori. Queer con strano. Il femminile chambermaid (cameriera) con il neutro cleaner (persona che pulisce). Una "signora attraente di mezza età" con una "signora gentile di mezza età".

Ma non è solo questione di lessico. Nel romanzo *Matilda*, la protagonista legge Rudyard Kipling, ma le Menti Inclusive considerano Kipling troppo crudo e preferiscono farle leggere Jane Austen.

Nel romanzo *Le streghe*, le Menti Inclusive superano se stesse. Nell'edizione originaria c'è un passaggio in cui la nonna spiega al nipote che le streghe indossano parrucche per nascondere di essere calve, e guanti per coprire gli orrendi artigli. Il ragazzino replica che allora, per riconoscerle, tirerà i capelli a tutte le donne. La replica della nonna è:

> Non dire stupidaggini. Non puoi tirare i capelli a tutte le donne che incontri, anche se portano i guanti. Provaci e vedrai.

Alle Menti Inclusive questa nonna non piace. Troppo diretta. Troppo semplice. Troppo pratica. O forse troppo poco riflessiva, troppo poco educatrice. Ed ecco che la risposta, che nella versione originaria era secca e molto vivida (perché te li immagini, il ragazzino che si avventa sui capelli della donna e lei che reagisce), nella versione "inclusiva" diventa:

> Non dire stupidaggini. Peraltro ci sono molte altre ragioni per cui una donna potrebbe indossare una parrucca senza che ci sia nulla di sbagliato.

Il gioco è fatto: grazie alle Menti Inclusive, da personaggio frizzante la nonna si è trasformata in una scialba figura di educatrice politicamente corretta dei giorni nostri.

Ed eccoci al punto. La riscrittura dei testi letterari o teatrali allo scopo di renderli del tutto inoffensivi equivale a svuotarli dall'interno. Un testo letterario passato al setaccio dei *sensitivity readers* è come un cibo a cui è stato tolto ogni gusto e sapore: latte senza lattosio, caffè senza caffeina, tè senza teina, biscotti senza zucchero, pesce senza sale, pasta senza glutine.

Certo, un'alimentazione sanissima, ma più insipida, incapace di suscitare il piacere che tutti ricaviamo dal cibo.

Ma non è solo questo. La pretesa di costruire TGM – testi geneticamente modificati – fraintende gravemente la natura della narrativa, tanto più se è rivolta a ragazzi e ragazze. Che non può essere né quella di rappresentare il mondo com'è, né tantomeno di rappresentarlo come dovrebbe essere. Ma semmai quella di offrire storie, caratteri e mondi che non ci attirano semplicemente per la trama, ma per il modo in cui sono raccontati, per le parole con cui sono dipinti.

Per questo le parole dell'autore sono sacre. Chi le modifica non aggiorna il testo, ma gli toglie l'anima. E non rispetta l'autore, la sua totale libertà in quanto scrittore, cioè creatore di storie e, soprattutto, di una forma sua peculiare, detta stile. Non è indifferente la forma, il modo di raccontare una storia, la scelta del lessico, della sintassi: è la cifra di un autore, ciò che lo differenzia dagli altri e lo rende unico e immediatamente riconoscibile.

È, in una parola, la letteratura. Non è alterando lo stile di un autore che "si purifica" il mondo. Ma è certamente rinunciando a collocare l'opera (e l'autore) nel suo tempo che si distrugge la letteratura.

La wokeness contro la musica

La politica, l'ideologia e il politicamente corretto inquinano tutto, dalla stampa alla TV, dalla letteratura alle scienze. Però non tutti gli ambiti sono ugualmente attaccabili. Ci sono ambiti ultra-permeabili, come il giornalismo, la letteratura, le scienze sociali, e ambiti quasi impenetrabili, come la fisica e la matematica. E la ragione è semplice: tutto dipende dal grado di *neutralità intrinseca* di ogni ambito culturale. Se scrivi un romanzo, le tue preferenze e i tuoi valori contano molto, quindi può avere senso (almeno per i fanatici) chiedersi quanto un dato testo è PC. Ma se dimostri un teorema, o scopri una nuova legge fisica, chiedersi quanto quel teorema o quella legge siano politicamente corretti è semplicemente assurdo (anche se qualche fanatico ci prova).

È per questo che il politicamente corretto è particolarmente invasivo in ambiti come l'informazione, il cinema, le discipline umanistiche, la letteratura, l'opera, e persino la mitologia e le arti figurative.

Si potrebbe supporre che, oltre alla matematica e alla fisica, lo scudo della neutralità protegga anche la musica. Dopotutto, una sequenza di note non è più politica di una sequenza di simboli matematici.

E invece no. Negli ultimi anni, anche a seguito dell'esplosione del movimento Black Lives Matter, la scure del politicamente corretto si è abbattuta pure sul mondo della musica. E lo ha fatto non solo là dove al testo musicale si accompagnano delle parole (come nelle canzoni o nell'opera lirica), ma dove la musica è per così dire linguisticamente muta, pura sequenza di note, senza parole né canto: per il teorico (nero) della musica Philip Ewell, ad esempio, la musica classica è razzista e discriminatoria per il fatto stesso di essere basata su un ordine rigoroso e gerarchie armoniche.

Negli Stati Uniti, questo politicamente corretto estremo, che vede ovunque razzismo e discriminazione, e invita a stare all'erta contro le ingiustizie sociali, è perlopiù designato con il termine woke (sveglio) e i suoi derivati wokeness (lo stare all'erta) e wokeism (la corrispondente ideologia).

Gli attacchi alla musica si possono utilmente ordinare lungo una scala di assurdità. Un testo musicale può cadere sotto gli strali del fanatismo woke per almeno 5 motivi, via via più demenziali.

Livello di assurdità	*Motivazione della censura*	*Oggetto della censura (esempi)*
1	Il titolo del brano contiene la parola "negro"	*Le petit nègre*, di Claude Debussy
2	Il compositore ha idee naziste	Richard Wagner (razzista e antisemita, ma morto prima che Hitler fosse nato)
3	Il compositore piaceva ai nazisti	Beethoven, Schubert, Mozart, Bach, Haydn, Wagner, Händel
4	Il compositore è europeo, quindi "è stato sostenuto dalla bianchezza (*whiteness*) e dalla mascolinità per duecento anni". La sua musica "rafforza il dominio dei maschi bianchi e sopprime le voci delle donne, dei neri e della comunità Lgbtq"	Compositori europei. In particolare: Beethoven, *Quinta Sinfonia* (perché "è un simbolo della superiorità del maschio bianco")
5	Il compositore è affetto da "bianchezza", quindi colpevole di razzismo	Praticamente tutti i compositori e musicisti occidentali

La censura di opere e autori non è tutto, però. Accanto a essa proliferano anche altre pratiche. Ad esempio quella di scusarsi di essere bianchi da parte di dirigenti di grandi istituzioni musicali, come il presidente della Los Angeles Opera (Christopher Koelsch), o il capo della League of American Orchestra (Simon Woods), a quanto pare convinti che la *whiteness* sia una colpa. O il licenziare chi resiste alle intimidazioni dei censori (è successo a Dona Vaughn, direttrice dell'opera alla Manhattan School of Music).

Ma le pratiche più inquietanti sono quelle con cui si pretende di aumentare la presenza di musicisti neri nelle orchestre americane, da sempre molto sbilanciate a favore dei bianchi. Peccato che il rimedio usato – impedire ai giudici di vedere i musicisti, per evitare favoritismi pro-bianchi e discriminazioni – si sia rivelato un boomerang: il "daltonismo" dei giudici nelle "audizioni alla cieca" finiva per premiare il merito, non la razza bianca. Ora da taluni è considerato discriminatorio.

Musica razzista?

A proposito di libertà e censura nella musica, vale la pena soffermarsi sul caso di Claude Debussy. Chissà che cosa penserebbe lui, uno dei più grandi compositori di sempre, se per miracolo rinascesse oggi a New York. Scoprirebbe, in tal caso, che la prestigiosa Special Music School della città, che offre un insegnamento musicale intensivo durante l'intero percorso scolastico, nel 2021 ha invitato a depennare dai programmi due sue celebri composizioni per pianoforte, precisamente *Le petit nègre* (1909) e *Golliwog's Cakewalk*, l'ultimo brano di *Children's Corner* (1906-1908).

La ragione?

In entrambe le composizioni sarebbero presenti "connotazioni razziste". Gli insegnanti non dovrebbero più eseguirle, né assegnarle agli allievi.

"Questi due pezzi non sono più accettabili nel nostro paesaggio culturale e artistico. Noi vogliamo rendere la Special Music School un posto in cui tutti gli studenti si sentano supportati, ed entrambi i pezzi hanno connotazioni razziste e superate. Fortunatamente il repertorio per piano è vasto – ci sono molte alternative."

È interessante notare che l'accusa non è rivolta a Debussy, ma alla sua musica. Ma come fa una musica, priva di un testo orale, a essere definita "razzista"? Il comunicato della scuola non lo rivela, perciò mi sono messo a cercare, ed ecco i risultati.

Primo, le accuse sono decisamente recenti. A giudicare dalle date, si direbbe che il fenomeno sia successivo alla esplosione del movimento Black Lives Matter. Prima, nessuno aveva avuto niente da ridire.

Secondo, le accuse sono alquanto eterogenee, come se, non riuscendo a cogliere il punto, si provasse a sparacchiare un po' qua e un po' là. Vediamole.

1. Nazionalismo. "Durante la prima guerra mondiale Debussy firmava le sue composizioni 'Claude Debussy, musicista francese', per marcare la sua distanza da altre nazionalità, in particolare dalla Germania. In questo senso era virulentemente nazionalista, e quindi, in base agli standard odierni, un razzista."

2. Appropriazione culturale. Tecnicamente, entrambi i brani incriminati risentono dell'influenza del *Ragtime* (precursore del jazz), nato dalla musica afroamericana di fine Ottocento, che Debussy aveva avuto modo di conoscere all'esposizione universale di Parigi nel 1889.

3. *Le petit nègre* descrive la danza, leggera e allegra, di un ragazzino di strada nero che balla a un ritmo incontenibile.

4. *Golliwog's Cakewalk* si ispira alla travolgente danza afroamericana del cakewalk, che si immagina ballata da Golliwog, celebre bambola nera protagonista di favole per bambini (Debussy ne aveva regalata una all'adorata figlia Chouchou).

Proviamo a estrarre la ratio dell'accusa di razzismo.

1. Se l'autore di un brano musicale è un patriota, allora il brano è razzista.

2. Se in un brano di un compositore europeo echeggiano tecnicalità di origine afroamericana, allora il brano è razzista.

3. Se, come nel brano *Le petit négre*, il soggetto del brano è un ragazzino nero, allora il brano è razzista.

Ma i ragionamenti più contorti sono quelli dell'ultimo punto, che riguarda anche il *Golliwog's Cakewalk*. Qui l'accusa di razzismo si appunta sia sulla "nerità" del cakewalk (una danza afroamericana che, in realtà, era nata per prendere in giro i bianchi), sia sulla "nerità" della bambola Golliwog, inventata nel 1895 dalla scrittrice per ragazzi Florence Kate Upton, e popolarissima fra i bambini europei e americani nei primi decenni del Novecento.

Ma perché un elemento nero (la bambolina) rende razzista la musica? Fondamentalmente perché l'anti-razzismo è anche una forma di pensiero magico, che si dipana per catene associative: un concetto A, inizialmente neutro, assume una valenza negativa A', che così contamina un secondo concetto B a esso collegato, che a sua volta può contaminare un terzo concetto C, collegato a B ma che non ha niente a che fare con A:

$$A \rightarrow A' \rightarrow B \rightarrow C$$

Ad esempio: la bambolina Golliwog all'inizio è un simbolo perfettamente neutrale (A); poi il suo essere nera le conferisce un potenziale razzista (A'), che si trasferisce sul brano *Golliwog's Cakewalk* (B), che contiene nel titolo il nome della bambolina; ma l'autore del brano è il musicista Debussy, sicché il potenziale razzista del brano si trasferisce sul suo autore (C), che a quel punto diventa ideologicamente radioattivo.

Alla faccia dei discorsi sul dovere di includere e sul dialogo fra culture.

La vita o le opere?

Il cosiddetto doppio standard, ovvero usare due pesi e due misure a seconda dell'appartenenza politica, è una delle maggiori piaghe del discorso pubblico, specie in Italia. Fatti analoghi vengono giudicati in modo opposto se al governo c'è la sinistra oppure la destra. O anche semplicemente perché i protagonisti ci stanno simpatici o antipatici.

Succede, immancabilmente, quando un politico in vista incappa in una inchiesta giudiziaria. Se è dei nostri, "noi siamo garantisti", invochiamo la presunzione di innocenza, e diciamo che non deve dimettersi. Se è dei loro, continuiamo a proclamarci garantisti, ma scatta il discorso sull'opportunità politica: è meglio che si dimetta, per rispetto dell'istituzione di cui fa parte e per difendersi meglio davanti ai giudici.

Succede quando a qualche personaggio pubblico viene materialmente impedito di parlare: se è dei nostri è violenza squadrista, se è dei loro e chi interrompe è dei nostri, è legittima contestazione, è sacrosanto diritto di esercitare il dissenso, sale della democrazia.

Succede quando un politico denuncia per diffamazione qualcuno che lo ha insultato pubblicamente: se l'insultato è dei nostri, ha il sacrosanto diritto di difendersi querelando, ma se a essere dei nostri è chi insulta, allora è diritto di critica.

Non è tutto, però. A essere colpiti dal doppio standard non sono solo i gesti politici, come quelli di una campagna elettorale, ma anche quelli artistici e culturali, persino quando i loro autori sono morti da un pezzo.

Un bell'esempio è fornito dalla pretesa di giudicare le opere del passato in base alla vita dei loro autori, setacciata ai raggi X secondo gli standard etici del presente. Nel 2019, alla National Gallery di Londra, i dipinti di Gauguin sono stati contestati, e giudicati indegni di essere esposti, perché quando si era rifugiato a Tahiti aveva convissuto con una ragazza del luogo quattordicenne, da cui aveva anche avuto un figlio. Qui il punto di vista che squalifica senza appello i dipinti di un artista è una sorta di femminismo retroattivo, ringalluzzito dal MeToo, incapace di collocare le opere nel loro tempo (fine Ottocento) e nel luogo in cui sono state concepite (le isole della Polinesia).

Ma il caso di Gauguin è ancora fra i più innocenti, perché la politica c'entra molto alla lontana. Gauguin non era di destra o di sinistra, perché della politica non gli importava nulla.

I casi interessanti sono quelli in cui la tagliola che squalifica l'opera di un autore in base ai suoi costumi sessuali scatta a seconda delle convinzioni politiche dell'autore stesso.

Per un motivo analogo a quello addotto nel caso di Gauguin (aver avuto una moglie giovanissima e di colore), la statua di Indro Montanelli a Milano è stata fatta oggetto di ripetuti scempi, ed è tuttora bersaglio di polemiche politiche e pseudo-intellettuali. Come nel caso di Gauguin, le accuse si sono intensificate dopo lo scandalo Weinstein e il MeToo (2017). Qui però la matrice degli attacchi non è solo femminista, è anche politica, perché Montanelli è un grandissimo giornalista e saggista, ma è stato fascista e ha la colpa di essere un conservatore.

Si potrebbe pensare che, in materia di politicamente corretto applicato alle opere del passato, la faziosità sia una esclusiva della sinistra. Ma non è così. Un paio di anni prima del MeToo, una polemica feroce investì l'opera del grande poeta cileno Pablo Neruda, premio Nobel per la letteratura nel 1971. Nella sua autobiografia, *Confesso che ho vissuto*, uscita postuma nel 1974 (a un anno dalla morte), qualcuno, a distanza di 40 anni, ebbe a notare un passaggio in cui il grande poeta raccontava uno stupro (o perlomeno un rapporto non consensuale), da lui consumato ai danni di una giovane donna Tamil, nera, povera, e della casta paria. In questo caso gli attacchi trovarono schierati sul medesimo fronte femministe cilene e politici di destra, ostili alla proposta di intitolare a Neruda l'aeroporto di Santiago del Cile.

A difesa del sommo poeta, comunista e perseguitato politico, si schierò invece la sinistra, esattamente come – nel caso degli attacchi a Montanelli – a difendere il nostro più grande giornalista, conservatore e a suo tempo gambizzato dalle Brigate Rosse, si era schierata la destra.

Morale della favola: nessuna opera del passato è al sicuro, finché non impareremo a giudicare le opere in sé, separandole dai loro autori. Che poi è il grande insegnamento di Proust, quando scrive contro il critico Sainte-Beuve: "Un libro è il prodotto di un io diverso da quello che si manifesta nelle nostre abitudini, nella vita sociale, nei nostri vizi."

Nero di seppia

Supponete di aver invitato a cena per venerdì Angela, una vostra amica afroamericana di passaggio per l'Italia. Qualche giorno prima, diciamo martedì, cenate – sempre a casa vostra – con un'altra amica, Anna, bianca ed europea come voi. Anziché cucinarle il solito risotto al parmigiano, vi lanciate in uno spettacolare risotto al nero di seppia.

La cosa viene alle orecchie di Angela, l'amica nera d'oltreoceano, che dagli Stati Uniti vi fa sapere che no, lei a casa vostra non intende più mettere piede. Ha saputo della vostra cena con Anna e del risotto al nero di seppia, "una pratica razzista e arcaica, che non ha diritto di cittadinanza nella società moderna". Lei da voi a cena non verrà più, per rappresaglia.

Se vi capitasse, che cosa fareste?

Personalmente penserei che la mia amica Angela ha perso la testa, o ha un esaurimento, o sta scherzando.

Invece no. Nel 2023 la Fondazione Arena di Verona, che organizza gli spettacoli nel meraviglioso anfiteatro di quella città, si è trovata in una situazione simile, ma ha preso molto sul serio la faccenda.

I fatti. Nel mese di luglio il soprano Anna Netrebko interpreta il ruolo di Aida, principessa etiope, nella celebre opera di Verdi. Come di consueto, dovendo mettere in scena un personaggio nero, ed essendo Anna Netrebko bianca, si ricorre al *blackface*, la pratica di scurire il volto. Un artifizio scenico quali ve ne sono innumerevoli nel teatro, come la gobba di Rigoletto messa indosso a baritoni con la schiena normale.

Pochi giorni dopo, dovrebbe andare in scena la *Traviata*, con il soprano Angel Blue, afroamericana nel ruolo di Violetta. Ma lei, come la vostra amica invitata a cena per venerdì, disdice sdegnosamente l'invito, perché qualche giorno prima l'Arena di Verona, in altra opera (*Aida*) e con altra interprete (Anna Netrebko), è ricorsa al *blackface*, come peraltro si è sempre fatto in casi simili.

La ragione? Secondo Angel Blue la pratica del *blackface* è razzista: "L'uso del *blackface* in qualsiasi circostanza, artistica o meno, è una pratica basata su tradizioni teatrali arcaiche che non hanno posto nella società moderna."

La cosa curiosa, in tutta questa storia, è la reazione della Fondazione Arena di Verona. Anziché rivendicare l'autonomia artistica della regia (peraltro firmata da Zeffirelli), e il pieno diritto delle istituzioni di operare entro una tradizione culturale, arcaica o meno che essa risulti agli occhi di qualcuno, i responsabili della Fondazione hanno ritenuto di doversi giustificare, con argomenti invero penosi: non avevamo intenzione di offendere (come se una persona sana di mente potesse offendersi), l'allestimento è di 20 anni fa (e allora?), se vieni a Verona "potremo dialogare in modo costruttivo partendo proprio dalle tue riflessioni".

Ma giustificarsi equivale ad ammettere che aver fatto il risotto con il nero di seppia ad Anna possa essere offensivo per Angela. Mentre la vicenda illustra solo tre cose molto semplici.

Primo, il politicamente corretto riesce a "scalare impensabili vette di stupidità", come giustamente ha osservato Cesare Cavalleri su *Avvenire*.

Secondo, l'accusa di razzismo, per quanto pretestuosa, campata per aria, priva di sostanza o stupida sia, ha uno straordinario potere intimidatorio. Chiunque la subisca, si sente tenuto a fornire giustificazioni, se non a confessare la sua colpa, come accadeva nei processi staliniani.

Brutta faccenda. Non poter ridere del ridicolo è un segnale inquietante, e inequivocabile, di una civiltà che sta smarrendo se stessa.

Terzo, il teatro è finzione.

L'arte in generale è invenzione, e in quanto tale libera. Ma il teatro in particolare è proprio "tecnicamente" finzione: è recitazione, costumi di scena, scenografia. Un paesaggio campestre sul fondale è un cartone dipinto. Un uomo che ne uccide un altro non è un assassino, è un attore che recita la parte di un assassino, diventando quel che non è.

O dovremmo scegliere come attore un vero assassino? Chiedere alle carceri che ci prestino uno che ha ucciso l'amico davanti al bar e deve scontare vent'anni, e fargli fare l'attore per qualche sera? Questo vogliamo?

Pretendere che a recitare la parte di un nero sia un nero è la stessa cosa. Ed è esattamente questo: non capire cos'è il teatro, cos'è l'arte.

4. Grasso e normale: le avventure di due aggettivi

Il peccato di grassofobia

Sono in molti, non solo a destra, a ritenere che il DDL Zan (il più radicale disegno di legge contro l'omotransfobia), naufragato al Senato nel 2021 per le rigidità del PD di Letta, fosse non solo pericoloso per la libertà di opinione, ma anche mal impostato filosoficamente, oltreché da un punto di vista logico.

Sul piano filosofico, è stato notato che appare inquietante – e vagamente medioevale – usare la legge penale per reprimere o indirizzare i sentimenti, quali che essi siano. In questo senso si sono pronunciati, ad esempio, due uomini di sinistra come Piero Sansonetti (direttore dell'*Unità*) e Tommaso Cerno, all'epoca ancora parlamentare del PD.

Sul piano logico (e terminologico) è stato osservato che, se pure si vuole instaurare la pratica aberrante di usare il codice penale contro i sentimenti, può avere senso perseguire un sentimento aggressivo come l'odio, ma non certo la paura. *Fobia* in greco, e pure in italiano, significa paura, come nella parola agorafobia (paura della piazza, cioè della folla). Quindi perseguire xenofobia, omofobia, transfobia equivale a sostenere che la gente non ha diritto di manifestare sentimenti di paura verso determinate categorie di persone.

Meno attenzione ha ricevuto un altro limite del DDL Zan, un limite che potremmo chiamare di natura concettuale. Come noto, l'operazione principale del DDL Zan è di estendere il raggio di azione della legge Mancino (legge 205, 25 giugno 1993). Con la legge Mancino, le idee e le azioni discriminatorie punite con il carcere erano essenzialmente quelle basate su "motivi razziali, etnici, religiosi o nazionali". Con la legge Zan si proponeva di allungare l'elenco a cinque nuovi tipi di motivi, e precisamente quelli "fondati sul sesso, sul genere, sull'orientamento sessuale, sull'identità di genere o sulla disabilità".

Stranamente, pochi hanno notato che questo allungamento del brodo delle fobie apriva una falla logico-concettuale irreparabile nella lotta all'odio e alle discriminazioni: la lista delle categorie e delle condizioni per le quali si può nutrire ostilità, esercitare discriminazioni, mettere in atto comportamenti bullistici è potenzialmente infinita. Oggi ci preoccupiamo di proteggere gay, trans o disabili, ma basta dare un'occhiata a quel che succede in una scuola per rendersi conto che la lista delle aspiranti vittime o minoranze da proteggere è aperta, e necessariamente destinata ad allungarsi. Vittime di atti più o meno espliciti di bullismo, sopraffazione, stigmatizzazione, emarginazione non sono solo le "minoranze sessuali", religiose o etniche, ma non di rado possono divenirlo i timidi, i primi della classe, le schiappe, i secchioni, i brutti, gli imbranati, i barboni, i grassi.

Già, i grassi. L'ultima novità è la campagna contro una nuova presunta fobia: quella verso chi è obeso o in sovrappeso. Una campagna che, in tutti gli ambiti – dal mondo delle casalinghe, alle scuole, allo star system – stigmatizza gli atteggiamenti "grassofobici". Dove per grassofobia si intende non solo il dileggio di chi è grasso, ma anche qualsiasi consiglio amichevole di adozione di uno stile alimentare volto a tenere sotto controllo il peso.

A quanto pare, se e quando il PD ripresenterà il DDL Zan, dovrà inserire i grassi insieme ai disabili, ai gay e ai trans. In attesa che la prossima minoranza stigmatizzata denunci una nuova fobia, ed esiga l'allungamento della lista.

Tutti i modi di dire *grasso*

Il problema del politicamente corretto è sempre prima di tutto terminologico: come esprimersi per non essere offensivi, come cambiare la lingua in modo che tutti vengano rispettati.

Uno degli aspetti più sconcertanti è però che spesso gli aspiranti riformatori della lingua non sono d'accordo fra loro, e per di più cambiano idea nel tempo.

Fino a qualche anno fa i molestatori del linguaggio naturale avevano le idee abbastanza chiare: certe parole non si possono usare, sono offensive, vanno sostituite con parole più neutre, meno contundenti.

Oggi le cose stanno cambiando. Il dubbio comincia a serpeggiare, e i riformatori del linguaggio si dividono in diverse scuole di pensiero. Alcuni mantengono i vecchi consigli, e si limitano a discettare su quale sia l'eufemismo migliore. Handicappato, portatore di handicap, disabile, diversamente abile? Non vedente o ipovedente?

Altri invece rifiutano gli eufemismi, e propongono una sorta di ritorno alle origini: anziché dire non vedente, espressione che sottolinea una mancanza, diciamo cieco, perché essere ciechi è una caratteristica della persona, non una privazione di qualcosa. Anziché dire non udente, torniamo a dire sordo. Anziché dire "disabile" diciamo "persona con una disabilità".

Altri, salomonicamente, dicono che non c'è una regola, e che bisogna chiedere ai diretti interessati come preferiscono essere chiamati (come se questo non fosse già uno stigma).

Oggi tocca a "grasso".

Anche un aggettivo un tempo innocente come "grasso" suscita discussioni. E la condizione esistenziale di essere grassi è addirittura oggetto di libri, riviste accademiche, ricerche, studi (i cosiddetti *Fat Studies*).

Come chiamare le persone grasse senza offenderle? Qual è il modo politicamente corretto di parlarne?

Non c'è accordo fra gli aspiranti riformatori della lingua. Già una dozzina di anni fa *The Times* passava in rassegna 50 modi di dire "sei grasso", alcuni politicamente corretti, altri no. Fra quelli accettabili, o addirittura PC, suggeriva "prosperoso", "orizzontalmente svantaggiato", "mangiatore entusiasta".

Oggi il sito inglese di supporto grammaticale *grammarhow*, consiglia 12 soluzioni, con netta preferenza per "curvy" (formosa) per le donne, e "jolly" (gioioso, letteralmente) per gli uomini. Ma, ahimè, conclude con la solita raccomandazione: prima di usare "curvy" e "jolly" nei confronti di qualcuno, assicurati che a quel qualcuno piaccia essere descritto con quel termine. Come se andare da una donna e dirle "posso chiamarti curvy?" fosse un gesto gentile...

Ma non è solo una questione di linguaggio, di come chiamare i grassi e le grasse, di come combattere gli atteggiamenti ostili o irrispettosi.

Contro il peccato di grassofobia, vengono brandite un nugolo di parole inglesi, ora per indurre accettazione della grassezza (*fat acceptance, body positivity*), ora per stigmatizzare i denigratori dei grassi (*body shaming*), ora per denunciare i pregiudizi della medicina in materia di peso, bollati come *weight bias* e *diet culture* (la credenza che esista un peso ottimale, e che lo si debba inseguire con la dieta).

I problemi più grossi li hanno medici, dietologi, nutrizionisti. Alcuni pazienti considerano offensivi i termini "obeso" o "sovrappeso" perché sottintenderebbero l'idea di una norma ideale, ma sono incerti su come sostituirli. Uno studio condotto una decina di anni fa dalla Yale School of Medicine concludeva che il termine meno sgradito dai pazienti era "unhealthy weight" (peso non salutare), e che 1 paziente su 5 era intenzionato a cambiare medico nel caso si fosse sentito stigmatizzato per il proprio peso.

Di qui un dilemma irrisolvibile per medici, dietologi, nutrizionisti: dire ai propri pazienti la verità (essere sovrappeso è dannoso per la salute), con il rischio di essere accusati di *fat shaming* o *body shaming*, o minimizzare il problema per non perdere pazienti, salvo perdere la salute dei pazienti stessi?

Confusamente corretto

Con la parola "grasso" si è raggiunto il massimo della confusione. Per anni i paladini del linguaggio corretto si sono impegnati nella caccia agli eufemismi, soprattutto per designare le donne grasse. Come parlare di una donna grassa? C'è un modo simpatico, cortese, gentile di dire che una persona è sovrappeso? Cicciottella è offensivo? E formosa, tonda, morbida sono accettabili?

Poi è successo qualcosa. Anziché invitare a non usare la parola grasso (in inglese: *fat*) si è cominciato a suggerire di usarla in una accezione puramente descrittiva, come accade quando di una persona diciamo che è alta, bionda o ha le lentiggini. Qualcuno ha dottamente parlato di "risemantizzazione": dobbiamo correggere la connotazione (negativa) della parola "grasso", e imparare a usarla in modo neutro, come la parola "magro". Un po' come era successo con la parola "cieco", prima squalificata e poi riabilitata.

Parrebbe il trionfo di un buonsenso resuscitato, una fiammata di pensiero logico redivivo. Tutto finito, dunque?

Neanche per sogno. Specie in America, si è andati ben oltre: ribaltando il senso da negativo a positivo, sono nati (o meglio hanno ricevuto nuovo impulso) movimenti che si battono per l'accettazione della grassezza (*fat acceptance movement*), o ne esaltano la bellezza (*fat is beautyful movement*), fino a promuoverla a caratteristica di cui essere fieri (*fat pride movement*).

Negli ultimi tempi, sempre più di frequente accade che la condizione di essere grassi sia addirittura esaltata dai fan degli artisti e delle artiste grasse ("sei bellissima"), al punto che, per alcuni, essere grassi diventa motivo di orgoglio.

Ma non basta. A differenza di quanto accaduto con parole come cieco e sordo, la campagna per la rivalutazione della parola grasso è ricorsa anche all'aiuto della scienza medica. Secondo alcuni si può essere in salute a qualsiasi peso (HAES, o *Health at every size*), o meglio a qualsiasi livello del BMI (*Body mass index*), l'indice che stabilisce il peso ottimale per ogni statura. E alcune ricerche si spingono a ipotizzare che l'essere al di sopra del presunto "peso giusto" (calcolato con il BMI) non solo non sia dannoso per la salute, ma possa avere un valore protettivo verso alcune malattie, comprese quelle di natura cardiaca. Insomma: meglio essere grassi che normopeso. Questo risultato, denominato "paradosso dell'obeso", da alcuni anni sta diventando il cavallo di battaglia dei movimenti per la difesa dei grassi, e – nella misura in cui gli esperti sono divisi sulla sua solidità – sta mettendo in seria difficoltà medici, nutrizionisti, nonché l'enorme business delle cure dimagranti.

Così la lotta per il governo della lingua si arricchisce di un capitolo nuovo: per alcuni si deve sostituire la parola grasso con un eufemismo, per altri dobbiamo imparare a dire grasso con rispetto, per altri la grassezza va lodata e incoraggiata, non solo nelle parole, ma anche nei fatti. Grazie ai dubbi della scienza, il follemente corretto sta trapassando in confusamente corretto.

Come direbbe il presidente Mao, "grande è la confusione sotto il cielo: la situazione è eccellente".

Guai ai normali

C'è stato un tempo in cui la gente non era malata di suscettibilità. In quel tempo le parole non erano radioattive. Dicevi invalido, magari per cedergli il posto sul tram, e nessuno aveva niente da ridire. Dicevi infermo, menomato, storpio, e nessuno pensava che tu volessi offendere, perché non era altro che descrivere in modo neutro una condizione (peraltro evidente, sotto gli occhi di tutti). Un po' come dire biondo, magro, piccolo, affamato, triste.

Ora non più.

Oggi innumerevoli legislatori del linguaggio, per giunta spesso in disaccordo fra loro, ci spiegano quali termini usare per parlare con rispetto di chi ha qualche inconveniente fisico o mentale più o meno grave e più o meno permanente. La lista delle parole proibite si allunga ogni giorno, rendendo via via obsoleti gli eufemismi che in un tempo precedente erano apparsi accettabili. Sotto la tagliola cadono parole come handicappato, portatore di handicap, disabile, affetto da disabilità, diversamente abile. Come s'è visto, l'unico termine accettabile è "persona con disabilità", dove la preposizione "con" sarebbe l'elemento positivo, se non salvifico: segno di qualcosa che si ha, non di una mancanza.

Fin qui tutto chiaro (e molto ipocrita). Lo sappiamo, o meglio lo sanno quelli che lavorano con le parole, o hanno tempo per queste cose.

Meno nota è l'altra faccia della medaglia: anche la parola "normale" è fuori legge. Non puoi dire che una persona è normale, perché – così facendo – sottintendi che esistano delle persone anormali, che potrebbero offendersi.

Il discredito per chi è normale, in realtà, viene da lontano. Risale agli anni sessanta e settanta, quando fra i contestatori e fra gli intellettuali più impegnati si diffuse l'idea, alquanto romantica, che la devianza – dai matti agli hippy, dai detenuti ai capelloni – altro non fosse che ribellione alle regole del sistema, ben rappresentato dalle istituzioni totali (carceri e manicomi) e dalle persone "normali", pronte a stigmatizzare come devianza ogni allontanamento dalle regole imposte dalla classe dominante.

Allora essere normali voleva dire essere scialbi, poco interessanti, comuni, standardizzati e omologati al sistema. Non essere normali voleva dire distinguersi dal gregge, era motivo di vanto, era un fiore all'occhiello.

Oggi lo stigma funziona a rovescio. A essere stigmatizzato è l'uso della parola normale e dei suoi sinonimi per significare che qualcuno è privo di disabilità.

- *normali* non si può usare "perché implica che gli altri sono anormali";
- *normodotati* non si può usare "perché implica che gli altri sono ipodotati" (chissà mai perché *ipo*dotati, e non *iper*dotati);
- *abili* non si può usare "perché implica che gli altri sono inabili".

E allora, che facciamo?

Un consiglio è di scrivere la parola normodotati fra virgolette, o parlare di *cosiddetti normodotati*, allo scopo di "evidenziare che la parola è semanticamente scorretta".

Ma questa soluzione non soddisfa tutti. Per i più esigenti, è meglio usare l'espressione *temporaneamente "normodotati"*, "per ricordare che una disabilità non è mai congenita ma è conseguente a una malformazione, una malattia o un infortunio".

Abbiamo capito bene?

Se sei normale, nel senso che sei privo di disabilità, devi definirti *temporaneamente* "normodotato" perché una disgrazia potrebbe capitare anche a te?

Pare di sì. Ma niente paura, se siete superstiziosi potete fare gli scongiuri. Se invece siete solo eccessivamente istruiti potete dire “sono normale” in inglese: *I am* TAB (*Temporarily Able-Bodied*), ossia “temporaneamente equipaggiato con un corpo abile”.

Che fa impressione sull’interlocutore, e non offende nessuno.

L'etica dello shampoo

Chi può dire se una persona è normale oppure no? Cosa vuol dire normale, a quale norma fa riferimento? E normale rispetto a che cosa? A chi tocca stabilire chi è normale e chi no?

Le parole "normale" e "normalità" sono da sempre sotto accusa. L'idea che una persona possa essere normale e altre no crea disagio. Ad alcuni fa venire in mente Hitler, l'eugenetica e la selezione dei migliori. Ad altri non piace essere etichettati come anormali. Ad altri, invece, è la normalità che non piace. Preferiscono essere "diversi da loro" (cioè dai normali, suppongo), come recita una celebre canzone dei Måneskin.

Quando si parla di handicap, fisici e mentali, la faccenda si fa ancor più seria. Possiamo capire che dire "normale" sia proibito, e dire "anormale" proibitissimo. Siamo nel regno del politicamente corretto, le cui ragioni, in fondo, sono comprensibili.

Possiamo pensare che sia un'ipersensibilità eccessiva, pedante, bigotta, ipocrita, ma riusciamo a scorgerne l'origine e le motivazioni: che stanno nel fatto che stiamo parlando di persone, e di aspetti delicati del loro corpo o della loro mente.

Ma quando si parla di cose? O di caratteristiche banali delle persone, come la pressione sanguigna, la misura dei piedi, il tipo di capelli?

Dire "oggi ho passato una giornata normale" può offendere le altre giornate? C'è un signor *ieri* che può sentirsi escluso? O un signor *dopodomani* che può sentirsi discriminato?

Dire che Giuseppe ha la pressione normale può offendere Giuseppina che invece ce l'ha alta?

Verrebbe di rispondere no.

E invece sì. Chiunque vada in farmacia a comprarsi uno shampoo sa che, sul bancone, troverà shampoo per capelli di ogni tipo: grassi, secchi, con forfora, ricci, crespi, rossi, biondi eccetera. E naturalmente pure una confezione per "capelli normali".

Ora non più. Un'indagine di mercato di Unilever ha rivelato che sette intervistati su dieci riterrebbero che l'uso della parola "normale" sulle confezioni abbia un impatto negativo. Il 56% delle persone che hanno espresso tale parere pensa che l'industria della bellezza faccia sentire tanta gente esclusa, mentre il 52% ammette di valutare la posizione dell'azienda sulle questioni sociali prima di fare acquisti. In breve, lo shampoo per una capigliatura normale, nella misura in cui implica logicamente l'esistenza di capigliature non normali, comporterebbe una discriminazione, un deficit di inclusività.

E poi, quali sarebbero i capelli normali?

Di qui una decisione drastica: in nome del cosiddetto "inclusive advertising", d'ora in poi Unilever toglierà dal bancone lo shampoo per capelli normali.

L'etica dello shampoo ha vinto.

Ora che i capelli normali non esistono più, nessuno potrà più sentirsi escluso o discriminato. Oppure, finalmente, ci sentiremo tutti anormali.

5. Donne sotto attacco

Il singhiozzo della donna bianca

Il femminismo è morto, come sostiene la storica Lucetta Scaraffia? O invece è più vivo che mai, come è stato affermato dopo la grande manifestazione del 25 novembre 2023 a Roma, sull'onda emotiva dell'uccisione di Giulia Cecchettin?

Probabilmente sono vere entrambe le cose: il femminismo è vivo, ma ha ben poco a che fare con quello storico.

Ma in che cosa il nuovo femminismo si allontana da quello storico?

Secondo la scrittrice Elena Loewenthal, gli episodi di intolleranza o indifferenza verso le donne israeliane uccise, torturate o stuprate da Hamas sono intrisi di "un oscurantismo conservatore tremendamente retrogrado", e la vera cifra delle nuove femministe sarebbe l'antisemitismo.

Io capisco pienamente lo sconcerto di Elena Loewenthal, come ebrea che difende le ragioni di Israele, come donna che non può accettare il silenzio delle femministe sugli stupri di Hamas e le violenze contro le donne israeliane, come scrittrice che inorridisce di fronte all'intolleranza di chi – in più occasioni – prova a impedire con la forza dibattiti e presentazioni di libri non graditi.

E tuttavia c'è qualcosa che vorrei aggiungere a questa diagnosi. Certo, nel femminismo di oggi c'è *anche* dell'antisemitismo. Il punto, però, è che c'è molto di più.

C'è qualcosa che non torna, nel femminismo dei giorni nostri. O meglio, nei movimenti femministi che, da qualche tempo, hanno preso il sopravvento in Italia. Lunghi silenzi e improvvise grida di protesta si alternano in una successione difficile da decifrare.

Ci sono eventi che (giustamente) suscitano sdegno e conducono a grandi mobilitazioni, come la morte di Giulia Cecchettin e gli eccidi di donne e bambini nella striscia di Gaza.

Ci sono eventi che suscitano reazioni blande o non durature, come le uccisioni e le persecuzioni delle donne da parte dei regimi più oscurantisti, come l'Afghanistan dopo il ritorno dei Talebani e l'Iran dopo l'uccisione di Mahsa Amini (per non aver indossato correttamente il velo islamico).

Ci sono eventi che non suscitano alcuna protesta, come le uccisioni e gli stupri di donne israeliane il 7 ottobre 2023.

E infine ci sono eventi che suscitano imbarazzo, come l'uccisione di donne da parte di stranieri, specie se islamici.

C'è una logica, in tutto ciò?

Sì, c'è, ma per metterla a fuoco dobbiamo fare un passo indietro di quasi quarant'anni. È il 1989 e una giovane giurista afroamericana, Kimberlé Crenshaw, pubblica un saggio di raro acume e profondità, dove per la prima volta viene introdotto il concetto di "intersezionalità". Il saggio è piuttosto tecnico e analitico, con precisi riferimenti a casi giudiziari, ma il nocciolo dell'argomentazione di Crenshaw può essere sintetizzato così: pur esistendo sia norme contro la discriminazione che tutelano le donne, sia norme contro il razzismo che tutelano i neri, né le une né le altre sono in grado di assicurare una efficace protezione alle donne nere, che si trovano all'*intersezione* fra la categoria debole donne e la categoria debole neri. Più crudamente: le leggi antidiscriminazione in materia di sesso proteggono essenzialmente le donne *bianche*, quelle in materia di razza proteggono essenzialmente i *maschi* neri, ma nessuna norma protegge davvero le persone che sperimentano entrambi gli svantaggi, quello di essere donne e quello di essere nere.

Dopo di allora, ma con particolare intensità negli ultimi anni, il concetto di intersezionalità è stato variamente interpretato e ridefinito, finendo per diventare la marca distintiva di altrettante correnti o denominazioni del femminismo: femminismo intersezionale, transfemminismo, transfemminismo intersezionale.

Alcune di queste letture del concetto di intersezionalità si limitavano a generalizzarlo, banalizzarlo, e pure fraintenderlo (mi chiedo quante attiviste abbiano mai letto e capito il geniale saggio della Crenshaw). L'interpretazione prevalente era del tipo: dobbiamo renderci conto che ogni donna può trovarsi all'intersezione di più di una condizione di oppressione o svantaggio, e che la condizione risultante non è riducibile alla somma delle varie condizioni di oppressione considerate singolarmente e separatamente.

Quanto alle condizioni di oppressione, le femministe si sono sbizzarrite a moltiplicarle, allungando sempre di più la lista. A sesso e razza, sono state via via aggiunte l'etnia, l'orientamento sessuale non conforme, la transessualità, le disabilità fisiche, lo svantaggio sociale, l'età, la nazionalità, per citare le più comuni estensioni (c'è chi è arrivato a individuare ben 13 "assi di oppressione").

Se l'intersezionalità fosse solo questo, potremmo chiudere il discorso con due osservazioni: primo, le femministe hanno semplicemente riscoperto il vecchio concetto di "interazione statistica", in uso da più di un secolo in analisi dei dati; secondo, non hanno compreso il nucleo profondo dell'analisi di Crenshaw, che era essenzialmente un invito a correggere gli strumenti legali, incapaci di fornire adeguata tutela alle combinazioni multiple di oppressione/svantaggio.

Ma l'intersezionalità non è rimasta quella delle origini. Con il passare del tempo, e specialmente dopo il 2017 (anno del MeToo), si sono via via affermate interpretazioni sempre più aggressive e politicizzate del concetto. Da un lato, è cresciuta l'enfasi sulle dimensioni geopolitiche dell'oppressione, con conseguente contrapposizione delle donne bianche, occidentali e benestanti – pensate come "privilegiate" – alle donne non bianche, dei paesi meno ricchi, talora ex colonie. Dall'altro, sul versante del sesso e dell'identità di genere, alla tradizionale difesa di lesbiche e gay si è progressivamente sovrapposta la intransigente e prioritaria difesa di tutto ciò che esce dal binarismo di genere: transessuali MtF, transessuali FtM, intersessuali, asessuali, bisessuali, non binari, queer. Un processo, questo, che non ha investito solo l'evoluzione del femminismo, ma ha profondamente alterato a favore dei transessuali le priorità di diverse lobby LGBT+, alle volte persino provocando – per reazione – la nascita di nuove lobby, questa volta senza la lettera T (esemplare, in proposito, la nascita nel 2019 della LGB Alliance, che programmaticamente promuove solo i diritti di lesbiche, gay e bisessuali basati sul sesso biologico).

L'interpretazione "creativa" ed estensiva del concetto di intersezionalità ha così innescato una catena di conseguenze che hanno profondamente alterato il panorama dei movimenti femministi. Quella più importante è stata di stabilire una sorta di gerarchia di stati di oppressione, ma anche – correlativamente – di stati di privilegio delle donne. Al vertice della scala di oppressione si sono rapidamente venute a trovare le donne di colore, lesbiche, poco istruite, appartenenti a nazioni povere o ex colonie delle potenze occidentali. E, specularmente quanto inevitabilmente, al vertice della scala di privilegio le donne bianche, eterosessuali, benestanti, occidentali, se non addirittura – massima colpa – israeliane e sioniste.

Ecco che cosa è successo: il femminismo di oggi ha smarrito il tratto essenziale e fondativo del femminismo di ieri, ossia l'universalismo.

Che cos'è l'universalismo?

È l'affermazione che "le donne sono tutte sorelle nell'oppressione, senza distinguere fra origine etnica, appartenenza politica, classe sociale", come ha ricordato Lucetta Scaraffia. Nel femminismo storico convivevano idee molto diverse su emancipazione, liberazione, differenza, lotta di classe, ma l'universalismo non era in discussione. A una femminista storica non sarebbe mai venuto in mente che potesse esistere una gerarchia fra vittime di serie A, serie B, serie C, e di conseguenza un differente diritto alla protezione, alla tutela, all'attenzione politica e mediatica. E, ancora meno, le sarebbe venuto in mente che in questa grottesca graduatoria potessero avere un ruolo caratteri ascritti come razza, etnia, nazionalità, o che qualcosa potessero c'entrare le scelte politiche delle donne, o dei governi sotto i quali vivono.

All'idea di una lotta comune delle donne contro ogni forma di oppressione si è andata sostituendo la pretesa, neanche poi tanto dissimulata, di assegnare pesi e dignità diversi alle rivendicazioni di differenti categorie di donne. Al top le donne palestinesi, al fondo le donne di Israele. Nei gradini intermedi tutte le altre, con sottili sfumature e distinguo che coinvolgono anche lo status dei maschi oppressori: sempre da condannare se maschi-bianchi-eterosessuali-occidentali (manifestazioni per Giulia Cecchettin), ma gravati di minori colpe se maschi non occidentali a loro volta presunte vittime del maschio bianco. È di qui che origina la disattenzione sulle lotte delle donne iraniane e afghane, o su stupri e femminicidi commessi in Italia da maschi di fede islamica.

È questo che sta succedendo, non solo dopo il 7 ottobre. Ci sono donne sbagliate, che non meritano né di essere difese né di essere ricordate. Sono sbagliate le donne israeliane stuprate, perché non piace il loro governo, e perché non sono parte di un popolo oppresso (ma "solo" minacciato e aggredito).

Sono sbagliate le donne israeliane del passato, come la socialista (ma ebrea e sionista) Golda Meir, di cui – qualche tempo fa a Firenze – si è impedito di presentare la biografia, scritta dalla giornalista Elisabetta Fiorito.

E sbagliate sono pure le donne islamiche in Italia, se a commettere violenza su di loro, o a ucciderle, è a sua volta un maschio islamico. Ha dovuto ricordarlo qualche anno fa, con imbarazzo e dispetto, Ritanna Armeni (femminista storica, tra le fondatrici del *Manifesto*), quando si è resa conto che, sulla tragica storia di Saman Abbas, uccisa dai familiari perché rifiutava un matrimonio combinato, il mondo femminista e progressista aveva preferito girarsi dall'altra parte, per una aberrante forma di rispetto della cultura islamica.

E ancora più sbagliate sono le suore africane violentate da religiosi in Africa, dimenticate dalle femministe forse proprio perché suore, come ipotizza Lucetta Scaraffia nella sua analisi delle differenze fra il femminismo di oggi e il femminismo storico.

Ma le vere donne sbagliate, sbagliatissime, sono le donne bianche in quanto tali, colpevoli (anche se italiane) di discendere da "colonialisti bianchi". Lo ha raccontato e spiegato benissimo Federico Rampini con la storia di Lorena Tomasin (nome di fantasia), quarantaduenne veneta da quindici anni negli Stati Uniti, iscritta a un master della Columbia University, cui viene chiesto di scusarsi con i compagni di corso neri "per il razzismo di cui [noi bianchi] siamo portatori", o di partecipare a corsi di rieducazione e contrizione, sempre per la colpa di essere bianca. Una deriva in atto da lungo tempo, ma che solo nell'ultimo decennio, con la svolta woke dei democratici, ha preso pienamente forma negli Stati Uniti, e ora plana anche sui nostri lidi.

Il neo-femminismo intersezionale può dunque spingersi al punto di colpevolizzare le donne stesse, se non abbastanza oppresse, in una sorta di singolare riedizione del "singhiozzo dell'uomo bianco", espressione con cui nei primi anni ottanta Pascal Bruckner descriveva il senso di colpa della civiltà occidentale. Per le più accese sostenitrici del femminismo intersezionale, il femminismo delle donne bianche (*white feminism*) è di per sé sospetto, e può ambire a dare il suo contributo alla causa generale delle donne solo se, prima, procede a un inventario dei propri privilegi, "per essere una femminista migliore". Ad esempio, così:

> Io sono una donna bianca, eterosessuale, con un corpo abile, di classe media. Il che significa che, personalmente, non devo affrontare sfide che altre donne devono affrontare. Così è importante che io ammetta il mio privilegio, e ascolti donne che esperiscono il mondo diversamente da me.

È il singhiozzo della donna bianca. Quarant'anni dopo quello del suo sfortunato compagno maschio.

E allora veniamo al punto: qual è la marca distintiva di questi nuovi femminismi?

Per metterla a fuoco, ripercorriamo un episodio recente (8 marzo 2024). Firenze, Festa della donna, bandiere in piazza. Tanti slogan pro-Palestina, nessun riferimento alle donne israeliane stuprate dai miliziani di Hamas. Una ragazza italiana (di sinistra) si presenta in piazza con un cartello provocatorio che dice: *Non una parola sugli stupri di Hamas: le donne israeliane "se la sono cercata"?*

Reazione: viene cacciata dal corteo, anche per "proteggerla" da possibili atti di violenza, nessuna voce a sua difesa da parte delle femministe in piazza.

Qual è dunque il nucleo del femminismo attuale? A me sembra che sia una sorta di para-razzismo, di cui l'antisemitismo è solo un aspetto, anche se forse il più detestabile. Il razzismo classico era basato sulla distinzione fra i bianchi e gli altri, il para-razzismo è molto più ambizioso e sottile: pretende di stabilire una precisa gerarchia fra le molteplici condizioni delle donne, e di farlo in base a caratteri ascritti o non modificabili, da cui procede una parallela gerarchia di donne più o meno meritevoli di solidarietà e tutela. E nemmeno di fronte a una tragedia come quella del 7 ottobre trova una parola di pietà, se non di solidarietà e di condivisione, per le donne israeliane uccise, né per quelle ancora prigioniere dei loro carnefici.

Quindi sì, il femminismo classico è morto, e il para-razzismo che ne ha preso il posto è un "oscurantismo retrogrado", che ha in odio la libertà di parola e non disdegna metodi squadristici, nelle piazze, dentro le università, nelle librerie.

Possibile che né il mondo progressista, né i suoi partiti-guida, avvertano il pericolo?

L'invasione degli spazi femminili

Forse qualcuno ricorderà che, ai tempi della discussione sul DDL Zan, a prendere nettamente posizione contro di esso furono non solo un manipolo di studiosi di sinistra e una falange di associazioni cattoliche, ma anche una parte non trascurabile del mondo femminile e di quello LGBT+, a partire da Arcilesbica. Tra le ragioni dell'opposizione, in quest'ultimo caso, vi era l'art. 1, che pareva aprire la strada alla cosiddetta autodeterminazione di genere (self-id), ossia al diritto di definirsi maschio o femmina indipendentemente dal genere biologico e da qualsiasi percorso di transizione (cambio di sesso).

Fu la scrittrice e giornalista Marina Terragni, in particolare, a segnalare la pericolosità di questa specie particolare di politicamente corretto: se si può decidere arbitrariamente il proprio genere, il maschio che ama percepirsi come femmina (ma che conserva un corpo maschile) potrà accedere agli spazi riservati alle donne, ad esempio nei reparti femminili delle carceri o nelle competizioni sportive.

Inutile dire quanto temibile sia la prima possibilità (carceri) e quanto iniqua sia la seconda (gare sportive). Quel che non tutti sanno, però, è che entrambe queste possibilità non sono teoriche, ma si sono già realizzate. In Canada, in California, nello Stato di Washington, da qualche tempo esistono leggi e regolamenti che, di fatto, possono consentire a carcerati biologicamente maschi ma autoidentificati come femmine di accedere ai reparti femminili.

Quanto all'Europa, lo stesso problema si è presentato in varie forme in Inghilterra, Scozia, Galles, e massimamente in Spagna, dove la cosiddetta "Ley Trans" consente a ragazzi e ragazze il cambiamento legale di sesso fin dall'età di 14 anni con il consenso dei genitori, e dai 16 anni in su anche senza: ciò significa che i maschi che lo desiderano, nel giro di 4 mesi, possono ottenere il certificato che li identifica come femmine, e da lì in poi usufruire di centinaia di diritti un tempo riservati alle donne.

Ma l'ambito forse più interessante è quello delle competizioni sportive. In passato il problema è stato spesso sottovalutato, ma adesso è ben presente all'attenzione di tutto il mondo, dopo le Olimpiadi di Parigi e il caso della pugile (o pugilessa?) algerina Imane Khelif (ne parlo più avanti).

Problemi analoghi si erano già presentati prima. Nel nuoto, ad esempio, a Lia Thomas – nata maschio ma in transizione a femmina – era stato concesso di gareggiare con le nuotatrici anziché con i nuotatori, così consentendole di sbaragliare le sfortunate atlete donna.

In quel caso la FINA (Féderation Internationale de Natation) a un certo punto (tra il 2022 e il 2023) aveva fatto retromarcia, e oggi pare avviata a non consentire più – in futuro – lo svolgersi di gare così inique. La vera domanda, però, non è perché abbia cambiato posizione. La vera domanda è come avesse potuto, in passato, assumere una posizione così irragionevole.

Non mi porrei questa domanda se, nei medesimi giorni in cui la Federazione Internazionale Nuoto faceva marcia indietro, non fosse giunta la notizia che, invece, la Federcalcio tedesca faceva marcia avanti: dalla stagione successiva, nel calcio giovanile, le "persone transgender, intersessuali e non binarie" avrebbero potuto decidere se giocare nei tornei delle donne o in quelli degli uomini.

E allora proviamo a rispondere, a quella domanda. Come mai, prima nel nuoto internazionale, poi nel calcio germanico, le atlete donna non hanno alcuna tutela dall'intrusione di maschi più o meno trasformati? Come mai le federazioni sportive violano con tanta leggerezza un principio cardine dell'etica dello sport, e cioè che le competizioni devono essere eque? Come mai continua ad apparire ovvio – anche in questi tempi di follemente corretto – che non si può far combattere un peso massimo con un peso piuma, ma del medesimo principio improvvisamente ci si scorda quando si tratta di garantire alle donne l'equità delle competizioni in cui sono impegnate?

L'unica risposta che vedo è la seguente: oggi il potere intimidatorio della lobby trans è molto superiore al potere di pressione delle lobby femminili. Sul perché le cose stiano così, si possono solo fare delle congetture.

Una possibile spiegazione è che, per adesso, il numero di donne direttamente e seriamente colpite dall'inclusione di ex maschi è molto limitato (atlete e detenute), e quindi altrettanto limitata è la reazione delle donne stesse.

Un altro fattore è la trasformazione di molte organizzazioni, nate a difesa di lesbiche e gay, in lobby che privilegiano nettamente le persone trans, intersessuali, bisessuali, o genericamente non binarie, a scapito della missione originaria. Assistiamo in pratica a una metamorfosi progressiva di queste organizzazioni, che perseguono una sorta di escalation del catalogo delle vittime: un tempo erano le donne a dover essere difese, poi gay e lesbiche, e ora trans, bisessuali, non binari, intersessuali eccetera.

Un ulteriore fattore è l'espansione del transfemminismo, un'ideologia nella quale i diritti dei trans tendono a prevalere su quelli delle donne, e in specie delle donne bianche occidentali.

Infine, non si può non osservare che, con il diffondersi dei programmi DEI (Diversity, Equity, Inclusion) nelle aziende e nelle istituzioni, la promozione della causa trans è diventata uno degli strumenti principali di *virtue signalling* (esibizione della virtù) da parte dell'establishment.

Solo il tempo, e la probabile estensione della Ley Trans al di fuori dei confini della Spagna (una legge analoga entrerà in vigore in Germania), potranno dirci se le donne saranno in grado di respingere l'assalto ai loro diritti.

Per ora ci limitiamo a osservare gli effetti: la contrazione degli spazi femminili in nome dei (presunti) diritti dei maschi che hanno cambiato genere.

Includere esclude?

Il caso Khelif e il silenzio delle femministe

Molti ricorderanno il caso della pugile italiana Angela Carini, che alle Olimpiadi di Parigi dell'estate 2024 ha abbandonato il ring dopo 46 secondi per la durezza dei colpi ricevuti dall'algerina Imane Khelif, pugile intersessuale affetta (a quel che si è appreso) da iperandrogenismo, che comporta una iperproduzione di ormoni maschili.

La sua storia è interessante e coinvolgente, ma forse ancora più interessante è il modo con cui della vicenda si è parlato sui giornali, sui media, sui social. Intanto, colpisce il fatto che quasi tutti abbiano espresso un'opinione, nonostante nessuno di coloro che sono intervenuti pubblicamente avesse accesso alla cartella clinica dell'algerina, e quasi nessuno avesse le competenze mediche necessarie per formulare valutazioni. Colpisce ancora di più il fatto che il giudizio su una questione così delicata e complessa sia dipeso quasi interamente dai posizionamenti politico-ideologici. Gli esponenti della destra si sono mossi quasi tutti come se fosse evidente che il combattimento era iniquo. Gli esponenti della sinistra si sono mossi quasi tutti come se fosse evidente che il combattimento era equo.

Ma forse l'aspetto più istruttivo di questa vicenda sono i problemi di coerenza logica che sono venuti a galla. Uno su tutti: la natura della distinzione maschio-femmina a livello biologico. Su questo fra gli ideologi della teoria gender coesistono due posizioni difficilmente conciliabili: da un lato si sostiene che il sesso è un costrutto sociale, e che maschio e femmina sono solo due poli fra i quali esistono infinite gradazioni intermedie, di cui le persone intersessuali sono testimonianza vivente; dall'altro si afferma in modo categorico che la pugile Imane Khelif è una donna, e quindi può senz'altro gareggiare nelle competizioni femminili.

Ma le due affermazioni sono logicamente incompatibili. Se davvero il sesso è un continuum (come l'altezza o il peso), allora è inevitabile dedurne che per trasformare questo continuum in un attributo dicotomico (maschio/femmina) occorrono delle procedure di misurazione e delle soglie. La questione non è più se Khelif sia o no una donna, ma se si avvicini a sufficienza al polo femminile per essere ammessa in una competizione femminile. E si noti che, se si accetta la teoria del continuum, allora – in linea di principio – al medesimo test dovrebbero essere sottoposti anche i maschi. Se ad esempio l'unico criterio fosse il testosterone, dovremmo assicurarci che le concorrenti nelle gare femminili non ne abbiano troppo, ma anche che i concorrenti a quelle maschili ne abbiano a sufficienza.

Come si vede, accettare il principio che il sesso biologico non esiste e che esistono innumerevoli stati intermedi pone più problemi di quanti ne risolva. Sfortunatamente, però, non esistono scorciatoie. Nel momento in cui il peso demografico delle persone transessuali aumenta, e si prende coscienza dell'esistenza di persone intersessuali, è inevitabile che si ponga il problema dei criteri di inclusione.

Il punto, però, è che questo problema si pone solo su uno dei due versanti del continuum: nessun intersessuale e nessun transessuale FtM (femmina transitata a maschio) chiede di gareggiare con i maschi. Quindi, di fatto, il problema riguarda solo il lato donne. Sono le donne-donne, il cui sesso biologico è inequivocabilmente femminile, che pagano il prezzo dell'inclusione. Criteri troppo laschi di ammissione alle competizioni femminili violano il principio sportivo della equità delle gare. Ma criteri troppo stretti entrano in conflitto con l'ideale dell'inclusione, che ha potentemente informato le Olimpiadi di Parigi.

Come se ne esce?

Secondo la sinistra ideologica e buona parte delle lobby LGBT+, l'inclusione è molto più importante dell'equità della gara, e le donne-donne dovranno farsene una ragione. Secondo la destra, la cosa più importante è l'equità della gara, e sono transessuali e intersessuali che dovranno farsene una ragione.

In mezzo, per fortuna, ci sono anche posizioni ragionevoli, come quelle di Paola Concia (ex deputata PD e attivista LGBT) che, in un'intervista rilasciata nei giorni delle Olimpiadi, deplora che i criteri di ammissione cambino a seconda dei comitati e delle federazioni sportive, e paragona l'eccesso di testosterone al doping, usato in passato dalle atlete sovietiche.

E infine conclude: "Non è possibile, sull'altare del politicamente corretto e dell'inclusione, sacrificare le donne. Perché poi, alla fine, quelle danneggiate sono le donne. Io dico: va bene, tutto sta cambiando, ci sono casi nuovi, persone trans, intersex, in transizione, ma troviamo un modo per cui alla fine non ci rimettano le donne."

Già, le donne. È proprio questa la nota dolente. Di fronte alla vicenda delle due pugili, le principali organizzazioni femministe italiane – *Se non ora quando* (SNOQ) e *Non Una Di Meno* (NUDM) – sembrano aver scelto il silenzio. Nessuna dichiarazione, nessuna intervista, nessun messaggio su Internet. Né sostegno a Khelif, né sostegno a Carini, né solidarietà a entrambe.

Come mai?

Forse è stato solo un segno di rispetto. Ma forse è la presa d'atto che, sempre più spesso, inclusione significa invasione degli spazi delle donne: una deriva che piace a poche, ma di cui quasi nessuna trova il coraggio di parlare in pubblico.

Hybris maschile

Devo confessare che, fino a non molto tempo fa, non mi era chiarissima la ragione per cui una parte delle femministe (talora definite "radicali") nutre ostilità non solo nei confronti dei maschi ordinari, ma anche nei confronti degli omosessuali e dei transessuali biologicamente maschi. Non mi era chiara, in particolare, l'accusa di "patriarcato", una nozione che – come sociologo – ho sempre trovato evanescente, in quanto del tutto priva di una definizione operativa che permetta di stabilire se e quanto una società o un individuo siano appunto patriarcali. Tanto più che nelle nostre società occidentali è da tempo venuto meno un ingrediente chiave delle culture patriarcali: il principio di autorità. Cioè, per l'appunto, il *pater*. Lo aveva spiegato bene, e profeticamente, lo psicanalista e psicologo sociale Alexander Mitscherlich nel suo libro *Verso una società senza padre*, che già nel 1963 delineava i tratti della società in cui oggi viviamo: una società in cui è scomparsa l'autorità paterna, e con essa ogni forma di autorità. Ne hanno preso atto, ripetutamente, sociologi, psicologi e psicanalisti, più o meno rassegnati per la scomparsa del padre. E, se posso permettermi una nota autobiografica, ne avevo preso atto io stesso alla fine degli anni settanta, quando, con la collega Loredana Sciolla, pubblicammo *Senza padri né maestri*, resoconto stupefatto degli atteggiamenti della generazione immediatamente successiva a quella del Sessantotto, una generazione disincantata, che aveva perso ogni deferenza verso il mondo degli adulti.

Insomma, difficile parlare sensatamente di patriarcato se i padri – siano essi genitori, maestri, o preti – sono destituiti di ogni autorità.

Dunque, fino a non molto tempo fa, restavo con due domande in sospeso:

– perché le femministe continuano a evocare il patriarcato a dispetto della scomparsa del padre?
– perché tanta ostilità verso trans e omosessuali maschi?

Poi, però, una notizia di cronaca mi ha illuminato. Un brillante articolo di Marina Terragni sul *Foglio* titolava: "Se due uomini denunciano la discriminazione di essere nati senza utero."

Ed ecco la vicenda in breve. Una coppia gay di New York, regolarmente sposata pochi anni prima, decide di intentare una causa contro l'assicurazione sanitaria di uno dei due. Nella polizza, infatti, è previsto che, in caso di perdurante infertilità, l'assicurazione intervenga pagando le spese di una fecondazione in vitro. Ma che significa, secondo le clausole dell'assicurazione, perdurante infertilità?

Significa che la coppia non è riuscita a concepire un figlio né facendo sesso senza protezione per almeno 12 mesi, né ricorrendo alla inseminazione intrauterina. Clausola ragionevole, ma – dicono gli aspiranti padri – non adatta al loro caso, in quanto nessuno dei due ha un utero (in effetti la loro sarebbe una infertilità a priori, e perdurante *ad infinitum*). Se interpretata letteralmente, la clausola è discriminatoria, perché riconosce il diritto alla genitorialità alle coppie eterosessuali o lesbiche, ma non a quelle gay. Dunque va reinterpretata. Ma come?

Secondo i due aspiranti padri e i loro avvocati, riconoscendo agli assicurati una somma dell'ordine di 150 mila dollari con cui pagare una donna-incubatrice, che si faccia carico della gestazione.

Non so come la vicenda finirà, ma il caso è di straordinario interesse, e risponde alle mie due domande in sospeso.

Risposta alla prima domanda: la ragione per cui le femministe evocano ossessivamente il patriarcato è che lo confondono con il maschilismo. Nessuno dei due concetti è scientifico, ma non per questo sono privi di ancoraggi nella storia e nel linguaggio comune. La radice della parola patriarca è pater, quella della parola maschilista è maschio.

Nelle nostre società il primato del pater familias è un ricordo del passato, così come lo è il surplus di autorità un tempo associato ai ruoli di comando se interpretati da uomini. Se proprio vogliamo trovare tracce di patriarcato in senso proprio, dobbiamo cercarle nelle famiglie di credo islamico, con la sottomissione di moglie e figli ai divieti e ai piani di vita stabiliti dai capifamiglia.

Tutt'altro che scomparso, invece, è il maschilismo, come tratto culturale fondamentale della nostra società. Maschilista è la volontà di controllo di tanti maschi sulle loro partner. Maschilista è il disprezzo verso le donne. Maschilista è quasi tutta la pubblicità, in cui la donna è usata come oggetto-stimolo atto a incentivare gli acquisti. Maschilista è la pornografia. Maschilista è la promozione del sexting (invio di immagini sessualmente esplicite). Maschilista è l'esaltazione del sex-work. Maschilista, infine, è la pratica dell'utero in affitto, in cui la donna assume il ruolo di incubatrice al servizio del maschio, eterosessuale, omosessuale o transessuale che sia.

Ed ecco la risposta alla seconda domanda: l'ostilità di una parte delle femministe verso i maschi anche quando appartengono a minoranze protette deriva, in realtà, dal maschilismo di cui non di rado tali minoranze danno prova o, se vogliamo metterla sul filosofico, dalla mancata adesione al precetto del maschio Immanuel Kant: "Agisci in modo da trattare l'umanità, sia nella tua persona, sia in quella di ogni altro, sempre anche come fine, mai solo come mezzo."

Agli occhi delle femministe radicali la cosiddetta gestazione per altri (GPA), o maternità surrogata, o utero in affitto, tratta la donna-madre come strumento che permette di adempiere alle clausole di un contratto economico, tipicamente stipulato fra una parte forte (chi commissiona la gravidanza) e una parte debole (la donna che si farà carico della gravidanza, e si separerà dal bambino che ha portato in grembo). Nella GPA, non solo per una parte delle femministe, ma anche per diversi intellettuali e filosofi maschi, prende forma il più inquietante degli ideali della post-modernità: il superamento di ogni limite umano, grazie alla tecnologia e alla dilatazione della cultura dei diritti, una forma estrema di *hybris*. Come se non fosse più vero quello che, nella storia dell'umanità, è sempre stato vero, e cioè che scegliere significa rinunciare, o accettare dei condizionamenti: se faccio la carriera militare non posso fare il manager, se vado ad abitare in un paesino di montagna non avrò il supermercato (e neanche la spiaggia) a un tiro di schioppo, se mi sposo con una donna di cinquant'anni non avrò dei figli, se faccio il prete non mi potrò sposare. E, naturalmente: nessuno è tenuto a risarcirmi delle conseguenze non desiderate o non previste delle mie libere scelte.

Simone Weil ammoniva che "dietro un errore di vocabolario c'è un errore di pensiero". Il fatto è che qui gli errori di vocabolario sono due, non uno soltanto. Confondere patriarcato e maschilismo non porta solo a vedere il patriarcato quando non c'è, ma anche a non vederlo quando c'è. È quel che è successo con Saman Abbas. Un caso di patriarcato allo stato puro (il padre che impone alla figlia chi deve sposare), snobbato dalle femministe perché l'autore del crimine non è il solito maschio italiano bianco, prepotente e possessivo, ma qualcuno che ha "un'altra cultura", e dunque avrebbe diritto a qualche attenuante.

Ma c'è anche un secondo errore di vocabolario, e quindi di pensiero: quello di parlare di diritti quando si tratta di semplici desideri. I diritti in senso proprio, lo ha ricordato anche Bobbio nella sua importante riflessione sulla "età dei diritti", sono quelli il cui godimento è garantito dalle leggi, il resto sono desideri, pretese o rivendicazioni (*claim*). E non è affatto vero che garantire un diritto significa solo allargare la platea degli inclusi (come è accaduto con il diritto di voto, le unioni civili, l'accesso delle donne a determinate professioni), perché quasi tutti i diritti – non solo i cosiddetti diritti sociali – hanno un costo, spesso ingente (si pensi al "diritto alla salute"). In concreto, questo significa che farli valere implica togliere risorse ad altri impieghi (altri diritti possibili, o ampliamenti dei beneficiari di diritti preesistenti). Persino l'aborto, con la costituzione dei consultori, ha comportato un costo, e quindi ha sottratto risorse ad altri impieghi socialmente utili. Lo stesso accadrebbe con una norma che obbligasse lo stato o le società di assicurazione a riconoscere a tutti (comprese le coppie gay benestanti) il "diritto alla genitorialità".

Anche si ammettesse che non vi è nulla di sbagliato nella "gestazione per altri", anche si volesse legittimare le gravidanze su commissione come manifestazioni della incoercibile libertà delle donne che le accettano, resterebbe la domanda: siamo certi che, con quei 150 mila dollari erogati a due membri gay del ceto medio, moltiplicati per tutte le coppie potenzialmente beneficiarie (circa mezzo milione, prevalentemente bianche e istruite), non si potrebbero garantire diritti più urgenti e fondamentali?

Lo scandalo della maternità

Le statue sono in perenne pericolo. In nome del politicamente corretto ne sono state abbattute o sfregiate parecchie centinaia. In Italia il fenomeno è molto meno diffuso che negli Stati Uniti, ma rimane l'eccezione di Milano: la statua di Indro Montanelli, collocata nel giardino dove il giornalista venne gambizzato dalla Brigate Rosse, è costantemente oggetto di imbrattamenti, vandalizzazioni, scritte offensive, richieste di rimozione.

Però Milano non si accontenta. Abbattere statue già presenti nello spazio pubblico non basta. Ora è tempo di occuparsi anche delle statue future, che potrebbero essere collocate in qualche parte della città. Occorre prevenire, non solo sopprimere.

È successo di recente, nella primavera del 2024, con una statua di bronzo della scultrice Vera Omodeo, scomparsa recentemente all'età di quasi 100 anni. L'opera, intitolata *Dal latte materno veniamo*, rappresenta una madre che allatta un neonato. I figli avevano deciso di donarla al comune di Milano, proponendo di collocarla in Piazza Eleonora Duse. Ma la Commissione preposta a valutare la domanda, composta da esperti del comune e della Soprintendenza, ha detto no. Motivazione?

La statua possiederebbe "sfumature squisitamente religiose" e rappresenterebbe "valori certamente rispettabili ma non universalmente condivisibili da tutti i cittadini".

La storia è paradossale, e infatti, contro la bocciatura della Commissione, si sono levati un po' tutti: esponenti della destra, politici di sinistra, associazioni femminili, e – sia pure con qualche cautela – anche il sindaco di Milano, il progressista Beppe Sala. Qualcuno ha anche osservato che, stante la clamorosa sottorappresentazione di figure femminili fra le statue di Milano, la scelta di collocare quella statua in una piazza della città era del tutto ragionevole. E avrebbe reso omaggio a una scultrice con una storia di vita e di impegno commovente, per tanti aspetti esemplare. Malata in giovinezza di nefrite, i medici le avevano detto che non avrebbe potuto avere figli: ne partorì sei. All'età di cinquant'anni riprese gli studi giovanili all'Accademia di Brera, passando dalla pittura alla scultura con la creta e infine a quella con il bronzo, occupandosi di tutte le fasi della produzione, comprese le limature e le patine finali, tradizionalmente affidate agli uomini. I figli e le figlie ne ricordano la determinazione, la generosità, e l'indifferenza a qualsiasi riconoscimento pubblico. Fu lei a realizzare il portale di Santa Maria della Vittoria, vicino alle Colonne di San Lorenzo, il primo portale mai realizzato da un'artista donna.

Insomma, difficile immaginare un personaggio e un'opera con le carte più in regola per un riconoscimento pubblico.

Eppure no, la Commissione ha bocciato la proposta di porre la statua *Dal latte materno veniamo* in una piazza di Milano.

Perché? Chi mai potrebbe offendersi alla vista della figura più universale che si possa immaginare, quella di una madre che allatta il suo bambino? Possibile che, dopo mille lotte delle donne e a sostegno delle donne, la statua che rappresenta una donna nel suo gesto più naturale possa scandalizzare qualcuno? Chi è questo qualcuno? Come siamo arrivati a tanto?

Una possibile risposta è che i funzionari della Commissione del comune di Milano abbiano voluto tutelare la sensibilità delle donne che non possono o non vogliono avere figli. Un'altra è che abbiano pensato che la figura della madre che allatta rimandi a quelle della Madonna con il bambino, e che ciò possa turbare le comunità di altre religioni.

Ma la spiegazione più plausibile è forse un'altra: allattare è un gesto da esecrare proprio perché "naturale", e in quanto tale discriminatorio nei confronti dei maschi cui la natura non concede questa possibilità. I funzionari del comune di Milano potrebbero – in un rigurgito di vissuti patriarcali – aver inteso proteggere i maschi. Associare il gesto dell'allattamento a una figura femminile, infatti, esclude automaticamente i maschi e, fra i maschi, la più aggressiva delle minoranze protette di questi tempi, ovvero i maschi che si vivono come femmine, o che sono impegnati in una transizione da maschi a femmine (le cosiddette trans MtF).

Non tutti lo sanno, ma da tempo esiste una componente della cultura woke che teorizza che anche i maschi possono allattare (grazie a farmaci che inducono la lattazione, non senza rischi per il neonato), anzi che hanno il pieno diritto di farlo; che si può essere donne pur essendo nati maschi; che la maternità non ha nulla a che fare con il parto; che mamma è chi alleva il bambino, non chi lo partorisce. E, naturalmente, la logica conclusione di tutto: non c'è nulla di male se i maschi commissionano la gravidanza alle donne, e – grazie all'aiuto di determinati farmaci – provano ad allattare essi stessi i bambini che vere donne hanno messo al mondo.

In questo senso, la vicenda di Milano è illuminante. Essa mostra nel modo più vivido che il femminismo storico – se non è morto, come alcune femministe sostengono – è quantomeno sotto scacco. Sopraffatto dalla prepotenza dei maschi, delle trans MtF, delle transfemministe, del cosiddetto femminismo "intersezionale", non ha più nemmeno la forza di portare a casa il minimo sindacale: far mettere in piazza Duse *Dal latte materno veniamo*, una delle statue più belle di Vera Omodeo.

6. Educare, rieducare

Polizia del pensiero

Per chi segue le vicende del politicamente corretto, gli Stati Uniti sono una insostituibile miniera di follie. Però, di norma, le follie si presentano una alla volta. Non così nella vicenda che il prof. Luigi Andrea Berto – italiano trapiantato in America, docente di storia alla Michigan University – ha voluto raccontare a Natalia Aspesi in una lettera pubblicata un paio di anni fa nella rubrica "Questioni (non solo) di cuore", sul *Venerdì* di *Repubblica*. Lui, di follie, ne ha dovute affrontare tre in un colpo solo.

Riassumo dalla sua lettera. Da una decina di anni, il prof. Berto tiene un corso generale sulla "storia del mondo occidentale fino al 1500". Per far vedere ai propri allievi "come il passato possa essere deformato da idee contemporanee" si serve del celebre film *300* (del 2007), sulla battaglia delle Termopili (480 a.C.), in cui gli eroici trecento Spartani guidati da Leonida si immolarono nel tentativo di fermare l'esercito dei Persiani, capeggiato da Serse. Nel film, che è un adattamento cinematografico dell'omonima graphic novel di Frank Miller, sono presenti "messaggi fortemente razzisti nei riguardi degli africani subsahariani e degli abitanti dell'America Latina" nonché riferimenti a un (anacronistico: siamo cinque secoli prima di Cristo) "cristianesimo molto bellicoso". E non mancano cenni ai comportamenti sessuali, ovviamente sani nel caso dei "buoni" spartani e disgustosi nel caso dei "cattivi" persiani. Dove le figure dei buoni spartani sembrano alludere agli occidentali impegnati nella lotta al terrorismo post-11 settembre, mentre i cattivi persiani ai loro nemici arabi e orientali in genere.

Per dieci anni nessuna protesta, solo qualche mugugno da parte di studenti "troppo patriottici e conservatori" (forse colpiti dalle analisi critiche del prof. Berto). Ultimamente, però, un paio di studentesse lo hanno denunciato presso l'amministrazione dell'università perché il film mostrerebbe cose inappropriate e "molestie sessuali". E qui incontriamo la *prima* follia. Anziché offrire un supporto psicologico (e culturale!) alle due studentesse, evidentemente incapaci di prendere le distanze da un film-fumetto, viene portato sul banco degli accusati il docente, che peraltro usa il film per metterne in evidenza parzialità, pregiudizi e distorsioni, non certo per sottoscriverne acriticamente i contenuti.

Ma non finisce qui. Nel frattempo, racconta il prof. Berto, "nell'ambito dell'operazione diversità e inclusione", l'amministrazione dell'università inserisce nel nuovo contratto l'obbligo di fare un corso online su quei temi. Qui siamo alla *seconda* follia: obbligare i docenti a seguire un corso che non è di tipo funzionale (norme antincendio) o di tipo tecnico (uso di nuovi supporti didattici multimediali), o di tipo giuridico (diritti degli studenti e dei docenti), ma è di tipo politico-ideologico. Come testimonia la *terza* follia, ossia quel che succede alla fine del corso. Racconta il prof. Berto:

> Tra le lezioni del corso ve n'erano di varie sulle molestie sessuali. Alla fine delle lezioni si doveva fare un *multiple choice quiz* (quiz a crocette). Una domanda chiedeva se le accuse di molestie sessuali sono sempre vere. Se non si rispondeva sì, non si poteva proseguire nel corso e quindi si era licenziati perché non si era rispettato il contratto. Effetti collaterali del MeToo?

Persino Natalia Aspesi, femminista e progressista da sempre, non riesce a nascondere il suo sconcerto: "L'obbligo del sì rivela tutta l'ipocrisia dell'iniziativa, perché si decide che le donne hanno sempre ragione."

Il vero guaio, però, forse sta altrove. Quello delle molestie e di altri temi più o meno sensibili è un argomento altamente controverso, come dimostra l'enorme spettro di opinioni e reazioni suscitate dal MeToo, anche all'interno del mondo femminile. E quando un tema è controverso, tutto si può fare tranne che obbligare studenti, professori, utenti, dipendenti pubblici e privati a sottoporsi alle esternazioni di sedicenti esperti o educatori, e ancor meno obbligare i malcapitati discenti a sottoscrivere le idee e le credenze dei formatori, quasi sempre vestali arciconvinte dell'ortodossia woke.

Quando ciò avviene, non vuol dire che le istituzioni sono finalmente diventate sensibili a un problema, ma che stanno facendo nascere una polizia del pensiero, con le sue guardie rosse e il suo libretto di pensieri giusti. Non di rado, con l'assenso tacito dei meglio intenzionati fra noi.

Razzismo alla rovescia

Milano. Salvatore Rossi, 38 anni, bianco, nato a Salerno, figlio di un contadino, sposato con Lucia, due figli piccoli, dottorato in economia aziendale, lavora nella sede milanese di una banca d'affari internazionale.

Un bel giorno i superiori gli comunicano che, in ottemperanza a una decisione del Consiglio di amministrazione, lui e altri colleghi dovranno partecipare a un corso di formazione DEI (*Diversity, Equity, Inclusion*). La progettazione del corso, che durerà tre giorni e si svolgerà online su Zoom, è stata affidata a un'azienda esterna, specializzata in comunicazione e risorse umane.

Lo scopo dell'iniziativa, si legge sulla brochure che la pubblicizza, è "promuovere l'equo trattamento e la piena partecipazione di tutti, con particolare riguardo ai gruppi che sono stati storicamente sottorappresentati o sottoposti a discriminazione sulla base della loro identità o disabilità".

"Diversità, equità e inclusione – prosegue la brochure – sono tre valori strettamente collegati, condivisi da molte organizzazioni che lavorano per essere di sostegno a differenti gruppi di individui, incluse persone di differenti razze, etnicità, religioni, capacità, generi e orientamenti sessuali."

Il giorno dopo Salvatore si collega via Zoom alla piattaforma che gestisce il corso online. All'inizio, la cosa gli sembra divertente: ai partecipanti viene chiesto che cosa viene loro in mente quando incontrano le parole "uomini bianchi". Salvatore non ci sta troppo a pensare, e spara: esploratori in Africa, Albert Einstein, una mia amica di Verona. Gli educatori, tutti più giovani di Salvatore, sembrano un po' contrariati, e provano a suggerirgli altre parole: ad esempio "vecchio", "razzista", "privilegiato", "anti-donne", "arrabbiato", "nazione ariana", "Ku Klux Klan", "armi", "senso di colpa".

A quel punto Salvatore capisce che si tratta di un corso un po' particolare, molto diverso dai soliti master, seminari e corsi di aggiornamento. E la conferma arriva di lì a poco. Dopo aver mostrato e commentato varie slide sulla triade Diverstity-Equity-Inclusion, gli educatori cominciano ad assegnare degli esercizi piuttosto impegnativi. Prima chiedono agli allievi di "ripetere e internalizzare" 50 affermazioni sul "privilegio bianco". Poi, il secondo giorno, di "ripetere e internalizzare" 59 affermazioni sul "privilegio maschile". E infine, l'ultimo giorno, di fare la stessa cosa con 47 affermazioni sul "privilegio eterosessuale".

Ed è qui, alla fine del terzo ciclo di affermazioni da introiettare, che a Salvatore, improvvisamente, si accende una lampadina: ecco perché al corso hanno mandato solo me e una dozzina di colleghi, tutti maschi, bianchi e sposati! Nella sede di Milano ci sono molte donne, tre avvocati neri, un paio di analisti dichiaratamente gay, ma nessuno è stato mandato a seguire il corso... Dunque il corso non è indirizzato genericamente ai dipendenti, ma a una particolare sottocategoria di dipendenti. A confermarglielo provvedono i superiori stessi il giorno dopo, quando Salvatore e colleghi ritornano in ufficio.

Questi corsi "mirano ad aiutare gli uomini bianchi a prendere coscienza delle radici della cultura maschile e bianca, dei privilegi che il fatto di essere bianco, maschio, eterosessuale comporta". E il fatto che qualcuno non li veda, quei privilegi, non dimostra che non esistono, ma che sono "sistemici", cioè diffusi e invisibili. Il privilegio bianco acceca, ed è proprio per questo che sono fondamentali i corsi di sensibilizzazione.

Che cosa tutto ciò significhi in concreto, Salvatore lo capisce sei mesi dopo. Dentro l'azienda si aprono tre posizioni di responsabilità, per candidarsi alle quali occorre fare domanda (o "applicare", come piace dire ai colleghi più giovani). Salvatore, che ha un ottimo curriculum e ha maturato importanti esperienze di studio e di lavoro anche all'estero, pensa di avere tutte le carte in regola per ricoprire una delle tre posizioni, e si accinge a compilare la domanda. Nel leggere il bando, però, si imbatte in una brutta sorpresa: il bando è aperto a tutti, ma nel punteggio finale conta anche il numero di "minoranze oppresse" cui si appartiene. Il punteggio massimo è 4 (nero, donna, omosessuale, islamico). Il punteggio di Salvatore, che è bianco, uomo, eterosessuale e ateo, è 0. Salvatore rinuncia a fare domanda, ma finalmente ha capito che cos'è l'*intersezionalismo*: nella sua sfortunata condizione di bianco-maschio-eterosessuale-ateo non si "intersecano" nessuna delle appartenenze che gli darebbero qualche chance di vincere il concorso.

Vi sembra un incubo, una distopia, un esercizio di fantasociologia?

Niente di tutto questo. Quel che abbiamo raccontato è solo la trasposizione, nel contesto italiano, di cose che possono tranquillamente accadere – e talora effettivamente accadono – nella società americana. Dove la cosiddetta cultura woke considera la bianchezza (*whiteness*) una macchia atavica, che si trasmette di generazione in generazione, e vede i maschi bianchi eterosessuali come una casta di privilegiati, colpevolmente non consapevoli del passato coloniale e schiavista dell'uomo bianco. Dunque da sensibilizzare, richiamare alle loro responsabilità, riprogrammare con corsi ad hoc, versioni tecnologiche e non cruente dei campi di rieducazione maoisti e cambogiani.

È la fine della civiltà liberale, basata sul principio di responsabilità personale. Ma è, allo stesso tempo, la fine del sogno di Martin Luther King, che sperava che – in un futuro non troppo lontano – tutte le differenze *ascritte*, a partire dal colore della pelle e dal genere, sarebbero diventate irrilevanti, perché nella scelta delle persone avrebbero contato solo le qualità di ciascun individuo, senza riguardo per razza, etnia, sesso, nazionalità, credo religioso, orientamento sessuale.

Nella cultura woke, al progetto di sconfiggere le discriminazioni con l'eguaglianza, subentra la pretesa di imporre l'eguaglianza attraverso le discriminazioni. Il risultato è il razzismo alla rovescia, forse la più retrograda fra le ideologie contemporanee.

Verso un nuovo galateo?

È bastato che Giorgia Meloni desse indicazioni di chiamarla "il" presidente del Consiglio, anziché "la" presidente del Consiglio, per scatenare critiche, battute, ironie, e naturalmente anche condivisioni. Curiosamente, le medesime persone che (giustamente) difendono il diritto dei trans di farsi chiamare con il nuovo nome e il nuovo genere contestano a Giorgia Meloni la scelta di usare il genere maschile nelle comunicazioni ufficiali (una scelta, peraltro, identica a quella della nostra Costituzione, che ovunque utilizza il maschile per indicare il ruolo, indipendentemente dal genere della persona che lo ricopre). Ancora più curiosamente, è accaduto che il sindacato dei giornalisti RAI sia sceso in campo contro l'uso del maschile, annunciando che non rispetterà le indicazioni aziendali, favorevoli a recepire la scelta di Giorgia Meloni. Poi, finalmente, e molto saggiamente, è arrivato il liberi tutti: "Per come la vedo io, potete chiamarmi come credete, anche Giorgia." Questione chiusa.

Ma questione chiusa solo per Giorgia Meloni. Per gli altri la questione è più che aperta. Usare il "maschile di ruolo" è oggi, in ogni ambito pubblico, sconveniente e subito imputabile di scorrettezza. Non dire di una donna che è ministra, assessora, avvocata, direttora o ingegnera è un marchio a fuoco che ci bolla per sempre. È vero che in direzione diametralmente opposta si è mosso, nell'estate del 2024, un senatore della Lega (Manfredi Potenti), con un disegno di legge che prevedeva multe da 1000 a 5000 euro per chi osasse femminilizzare i nomi delle professioni giuridicamente riconosciute, come sindaco, questore, avvocato, rettore eccetera. Ma proprio le reazioni unanimemente contrarie alla sua (assai discutibile) proposta, e il fatto che il disegno di legge sia stato immediatamente ritirato e rinnegato dalla Lega stessa, mostrano quanto profondamente siano penetrati il nuovo credo e le nuove sensibilità, almeno nell'establishment e nei ceti istruiti.

Così la guerra sulla lingua continua sempre più accesa. Se guardiamo a quel che accade in paesi come gli Stati Uniti, e più in generale in quelli di lingua inglese, ci rendiamo conto che quel che succede in Italia oggi è appena un piccolo assaggio di quel che potrebbe succedere in futuro.

Per ora, nel nostro paese, le discussioni e i conflitti su pronomi e desinenze sono molto vivaci in alcuni ambiti (burocrazie, social media, attivisti, intellettuali) ma hanno un impatto estremamente modesto sulla vita reale, e sono praticamente assenti fra gli strati popolari. Non così nel mondo anglosassone. Lì sono in atto tre processi di notevole impatto sociale.

Il primo, come abbiamo già visto, è la proliferazione di pronomi (they, ey, per, xe eccetera) con cui le persone trans o non binarie richiedono di essere chiamate.

Il secondo processo è l'adozione da parte delle istituzioni (specie scolastiche e universitarie) di regole per garantire il diritto di ciascuno di essere chiamato con i pronomi preferiti. Da tempo, ad esempio, in alcune università americane si pretende che il docente, all'inizio di un corso o seminario, chieda a ciascuno studente con che pronomi vuole essere chiamato.

Ma il processo più interessante, almeno sul piano sociologico, è un altro ancora: la nascita, specie negli ambienti più istruiti, di una sorta di nuovo galateo dei ceti medio-alti, fondamentalmente promosso dalle organizzazioni LGBT+. Se un tempo, di fronte a una nuova conoscenza, si rompeva il ghiaccio con frasi tipo "di dove sei?", o "che lavoro fai?", ora si raccomanda di: dichiarare i propri pronomi; chiedere all'interlocutore con quali pronomi vuole essere indicato; redarguire gentilmente chi si rivolgesse ad altri con i pronomi sbagliati.

Sulla opportunità, utilità e praticabilità di tutto ciò le opinioni divergono. Quel che un sociologo non può non vedere, però, è la gigantesca frattura sociale che il nuovo galateo tende a creare. Se a una cena un commensale si rivolge alla sua vicina chiedendole: Lei è avvocato? invece di dire: Lei è avvocata?, può incorrere nel biasimo altrui, più o meno tacito; e sicuramente viene ascritto automaticamente alla schiera dei retrogradi, non illuminati, cittadini di serie B.

Non occorre aver studiato la monumentale opera di Pierre Bourdieu sulla "distinzione" per rendersi conto che il linguaggio, l'accento, i modi di esprimersi sono sempre stati formidabili strumenti di differenziazione, discriminazione, qualche volta persino di umiliazione, dei ceti alti nei confronti di quelli bassi. Il rischio è che il nuovo galateo, con la sua spasmodica attenzione alla sensibilità individuale, diventi una sorta di biglietto da visita dell'establishment e dei ceti istruiti, che ne accentua la separazione e l'alterità rispetto al modo di sentire dei ceti medio-bassi, che per le loro condizioni di vita e per il loro livello di istruzione abitano un mondo radicalmente diverso. Perché è vero che, come sostiene Guia Soncini nel suo fortunato libro, viviamo nella "era della suscettibilità". Ma forse è anche vero che una parte non trascurabile dei cittadini, in America come in Italia, è ancora alle prese con i problemi pratici e materiali del mondo di sotto, e non ha né il tempo né gli strumenti né la volontà di sintonizzarsi con la sensibilità del mondo di sopra.

Sex and the Left

Operai e donne. Donne e operai. Per circa un ventennio, dalla fine degli anni sessanta alla fine degli anni ottanta, sono state queste due categorie il centro dell'attenzione politica del mondo progressista. Quasi due miti fondativi: dalla classe operaia ci si aspettava un sovvertimento radicale dei rapporti economici, dalle donne una rivoluzione nei rapporti interpersonali.

Ed era giusto così, anzi giustissimo. Gli operai avevano avuto un ruolo cruciale nel miracolo economico e nella industrializzazione dell'Italia, ma i loro salari e le loro condizioni di lavoro in fabbrica, ancora alla fine degli anni sessanta, non erano degni di un paese civile. Le donne avevano a lungo supplito ai gravi limiti del nostro welfare, ma restavano ai margini del mercato del lavoro, prive dei più elementari diritti, a partire da divorzio e aborto.

Certo, si poteva osservare – e venne effettivamente osservato – che questa doppia priorità lasciava ai margini due categorie anch'esse degne di protezione, ovvero gli omosessuali e i lavoratori precari, non tutelati dall'azione sindacale. Ma le scelte della sinistra mantenevano una loro ragionevolezza, se non altro per il peso demografico delle due categorie al centro delle lotte: negli anni settanta ne facevano parte 2 italiani su 3.

Oggi le cose stanno in modo completamente diverso. In mezzo secolo gli operai sono quasi spariti, la libertà delle donne ha fatto passi da gigante, e l'attenzione del mondo progressista si è concentrata quasi esclusivamente su due nuove categorie: i migranti e le minoranze sessuali, solitamente indicate con la sigla LGBT+.

L'attenzione ai migranti è comprensibile, anche se possono lasciarci perplessi le sue modalità: massima attenzione quando sono in mare, minima attenzione dal momento dello sbarco in poi. Ma l'attenzione verso le minoranze sessuali?

Lo spazio che i politici, i media, l'establishment culturale in genere riservano ai diritti LGBT+ è infinitamente maggiore di quello concesso a qualsiasi altra categoria, per quanto oppressa, sfruttata, emarginata, bisognosa di protezione. E dire che di categorie di questo tipo ne esistono, oggi come ieri. Già solo il mondo dei lavoratori che vivono in condizioni para-schiavistiche – sottopagati, ipersfruttati, privi dei più elementari diritti – supera largamente, in numerosità, quello delle minoranze sessuali, e si sovrappone in parte con le varie comunità di immigrati.

Dunque, perché questo primato assoluto delle minoranze sessuali?

La risposta è che, in mezzo secolo, ma con massima accelerazione negli ultimi 15 anni, il mondo è cambiato. Completamente cambiato. E non perché i vecchi problemi politico-sociali siano stati risolti – molti di quei problemi sono ancora lì – ma perché la nostra è diventata una "società signorile di massa", basata sull'ostentazione dei consumi e ossessionata dal sesso.

Non era mai successo, nelle società occidentali, che tanti individui, a partire da quelli delle fasce di età più giovani, si interrogassero così esplicitamente, precocemente e ossessivamente sulla propria identità, e lo facessero non nelle consuete modalità indirette – ovvero facendo esperienze associative, sviluppando interessi sportivi o culturali, cercando di eccellere in ambiti specifici, e così via – bensì in un unico modo, diretto e totalizzante: la cura meticolosa, quasi religiosa, del proprio corpo e della propria sessualità. Inutile elencare tutti i segni di questa mutazione, perché ne basta una manciata: esplosione della pratica del tatuaggio, moltiplicazione delle palestre, ricorso precoce alla chirurgia estetica, sexting più o meno compulsivo, coltivazione dell'incertezza sulla propria identità di genere e sul proprio orientamento sessuale, cambiamenti più o meno completi di sesso/genere, autolesionismo e mortificazione del corpo, proliferazione della pornografia e del revenge porn, espansione delle pratiche sadomaso.

L'assurgere dei diritti LGBT+ a istanza fondamentale dell'azione politica progressista si inserisce su questo sfondo, su questa mutazione profonda della società italiana, e più in generale delle società occidentali. Questo cambiamento non è avvenuto tutto d'un colpo. La sigla LGBT e le sue varianti più o meno lunghe si sono affermate poco per volta, soprattutto a partire da quando – verso la metà degli anni novanta – la stella polare dell'uguaglianza è stata progressivamente sostituita con quella dell'inclusione.

In origine la parola gay designava gli omosessuali in generale, non solo quelli di sesso maschile (come succede anche oggi, quando si parla di gay pride). È solo a un certo punto che, su impulso del femminismo, le donne omosessuali hanno rivendicato per sé una denominazione autonoma con una nuova lettera (L per lesbiche).

Ma il modo di mettere in sequenza le lettere dell'acronimo non è mai stato scontato. All'inizio la G di gay precedeva la L (GL), in seguito una sorta di cavalleria fra omosessuali ha fatto sì che prevalesse l'ordine inverso (LG). A queste due categorie si sono poi aggiunte quelle dei bisessuali (B) e dei transessuali (T), dando luogo all'acronimo LGBT e, più raramente, a quello GLBT.

Le lettere successive alla T più frequentemente usate sono Q, I, A, con i seguenti significati prevalenti.

Iniziale	*Parola*	*Significato*
Q	Queer (o questioning)	identità di genere indefinita, incerta o non dichiarata
I	Intersexual	compresenza di caratteri sessuali di entrambi i sessi
A	Asexual	assenza di interesse per il sesso

L'aggiunta di queste tre lettere ha portato a 7 la lunghezza dell'acronimo (LGTBQIA), talora completato con il simbolo +, per indicare altre possibili minoranze sessuali (LGBTQIA+).

Ma esistono altre minoranze sessuali che rivendicano speciali diritti e protezioni?

A quanto pare sì. Negli ultimi anni accade sempre più di frequente che all'acronimo di 7 lettere vengano aggiunte 2 lettere ulteriori, P e K, allungando ulteriormente questa sorta di IBAN sessuale: LGBTQIAPK+. È successo, ad esempio, in occasione della manifestazione del 25 novembre 2023 contro la violenza sulle donne, subito dopo l'uccisione di Giulia Cecchettin: nel manifesto politico dell'organizzazione transfemminista Non Una Di Meno, si parla della violenza subita da una decina di categorie fra cui le "persone non binarie e LGBTQIAPK".

Ma che cosa indicano le due nuove lettere?

Alla lettera P viene di solito associata la parola pansessuale (chi prova attrazione sessuale per persone di qualsiasi sesso o genere), talora la parola poliamoroso (chi coltiva molte relazioni sessuali contemporaneamente).

Alla lettera K viene associato il termine kink, o kinky, che indica chi fa sesso "in modo non convenzionale", dove per "non convenzionale" si intende quasi sempre basato su giochi di dominazione-sottomissione, comprese le pratiche feticistiche e sadomaso, a loro volta condensate nell'acronimo BDSM, che sta per Bondage & Disciplina (B&D), Dominazione e sottomissione (D/s), Sadismo e Masochismo (S&M). Per qualche dettaglio, vedi più avanti.

Ed eccoci arrivati al punto: qual è la ratio di questi ripetuti allungamenti dell'acronimo?

Ha senso continuare ad allargare l'ombrello protettivo?

Secondo alcuni no. La LGB Alliance, ad esempio, ritiene che ci si debba limitare a "promuovere i diritti di lesbiche, bisessuali e uomini gay, come riconosciuti dal sesso biologico".

Secondo altri sì, come abbiamo visto parlando del manifesto delle transfemministe contro la violenza sulle donne: l'ombrello deve proteggere qualsiasi minoranza sessuale, a prescindere dal fatto che la sua base sia il sesso, l'orientamento sessuale, il genere, l'identità di genere, l'espressione del genere, l'incertezza sul genere, il cambiamento di sesso o genere, il disinteresse per il sesso, le anomalie sessuali genetiche, e persino il modo di fare sesso. Secondo questo punto di vista, quel che conta è l'identità in campo sessuale, che va rispettata, protetta e difesa in qualsiasi caso.

Il problema è che, in questo modo, si smarrisce completamente il senso originario del movimento LGBT, che mirava a tutelare minoranze aggredite, oppresse o discriminate. Soprattutto nel caso di alcune lettere, non è chiaro da chi o da che cosa le varie categorie dovrebbero essere protette.

Prendiamo la lettera I (Intersessuali). Qualcuno perseguita chi ha la sfortuna di nascere con malformazioni di natura sessuale? Di norma non se ne sa nulla, e se si viene a sapere scattano pietà o compassione.

Prendiamo la lettera A (Asessuali). Qualcuno violenta, opprime, disprezza o discrimina chi non nutre interesse per il sesso? L'astinenza sessuale è una colpa? Monaci e suore di clausura suscitano sentimenti di derisione o disprezzo?

E veniamo alla lettera più controversa, la K (Kinky), che indica le persone che mettono in atto comportamenti sessuali "bizzarri", un tempo chiamati perversioni. Qui effettivamente un po' di stigma esiste. Le pratiche sadomaso, e più in generale quelle basate sulla dominazione/sottomissione, effettivamente non suscitano un entusiasmo generalizzato. C'è persino chi ritiene che siano dei disturbi della personalità, o che mettere in scena forme di violenza e di sopraffazione non sia particolarmente etico. Ed esistono leggi che puniscono alcune di quelle pratiche anche se consensuali (quando il sottomesso o la sottomessa accetta di subire mutilazioni o danni fisici significativi).

È vero che, per evitare ogni stigma, basta (ed è sempre bastato) non uscire allo scoperto, non fare sexting, non girare video e farli circolare in rete. Ma è proprio questo il punto: i membri della cosiddetta "comunità kink", o della più ampia "comunità BDSM, Fetish & Kinky", pretendono di poter esporre pubblicamente le loro esperienze sessuali, raccontate su siti appositi (per esempio *fetlife.com*), e di non ricevere alcun commento negativo, di disapprovazione, sarcasmo o disprezzo. Insomma, non sono loro che devono nascondere le proprie preferenze, ma sono le persone ordinarie che devono essere rieducate a considerare normale ciò che a loro normale non pare.

In nome di quale principio?

In nome dell'equazione: essere kinky non è un comportamento, ma un'identità. E le identità si rispettano. Le pratiche sessuali non convenzionali sarebbero modi di ricerca del proprio vero sé, in nome dell'ideale dell'autenticità, così ben descritto oltre trent'anni fa da Charles Taylor nel suo libro *Il disagio della modernità*.

Quel che qui ha luogo è un curioso quanto devastante salto logico. Il principio che ogni identità va rispettata era basato su quel che ogni individuo *era*, ovvero sui suoi caratteri ascritti, quindi immodificabili, o quasi immodificabili: sesso, razza, etnia, nazionalità, origine sociale, e secondo alcuni pure religione e orientamento sessuale. Oggi per identità non si intende solo quel che un individuo è, ma quel che un individuo *fa*, quando questo suo fare è dall'individuo stesso considerato costitutivo della propria identità, del proprio sé autentico. A prescindere da come gli altri lo percepiscono o lo giudicano.

Di qui un paradosso: poiché alcune identità, ad esempio imitare più o meno maldestramente il Marchese de Sade, non sono universalmente apprezzate, il problema dello stigma si trasferisce sulle persone normali, che hanno una sessualità ordinaria, e possono trovare disdicevole, incomprensibile, o semplicemente poco interessante l'attivismo kink. Al punto che, per designare questo gregge di persone poco evolute, la comunità kink ha pure individuato una parola apposita – *vanilla* – che designa chi è sessualmente poco sofisticato. Come ha scritto la giornalista Maddy Mussen: "Se una ragazza viene descritta come *una molto vanilla*, è la condanna a morte della sua reputazione sessuale, un modo per dire che non è brava a letto".

Ma perché vanilla?

Me lo sono chiesto, e il mondo dei gelati mi è venuto in soccorso. Scegliere un gelato alla vaniglia è una scelta neutra, direi basica. La vaniglia è il più semplice, comune e banale dei gusti, a partire dal suo colore bianco-crema, così scialbo di fronte alla dirompenza visiva del verde pistacchio, azzurro puffo, rosso fragola. Una scelta incolore, priva di personalità.

E ora una domanda e un suggerimento.

La domanda: da dove viene questo accanimento politico dei progressisti sui problemi delle minoranze sessuali?

Il suggerimento: se proprio si vuole proseguire su quella strada, almeno si aggiunga una lettera, la lettera V.

Anche i gelati alla vaniglia meritano rispetto.

Appendice

Per chi non fosse del ramo, ecco una breve rassegna di pratiche sessuali "eccentriche", BDSM o kinky.

Pratica	Descrizione	Eventuale denominazione eufemistica
Pony-play (gioco pony-fantino)	Gioco di ruolo, con il partner sottomesso che fa il cavallo e il partner dominante che fa il fantino	-
Bondage (legare)	Immobilizzare il partner con corde, bavagli, corsetti o catene	-
Wax game (gioco della cera)	Versare cera calda sul corpo del partner	-

Pissing (urinare)	Urinare sul partner, o in bocca al partner	-
Spanking (sculacciare)	Sculacciare il partner o prenderlo a pagaiate, cinghiate, bastonate, frustate	Impact play
Strangle (strangolamento)	Interrompere la respirazione del partener per intensificare l'orgasmo	Breath play

Inutile aggiungere che quello del kinky e del BDSM è un mondo completo: ci sono negozi specializzati che forniscono tutti gli aggeggi e dispositivi necessari; ci sono siti che ospitano consigli, resoconti, scambi di opinioni; c'è un ampio dibattito sulla opportunità o meno di unirsi alle altre minoranze sessuali aggiungendo la lettera K di kinky; ci sono animate discussioni sui termini da usare, sul *kink shaming* e sul *vanilla shaming*, sull'opportunità di usare eufemismi per le pratiche più crude o pericolose; esiste un'ampia disponibilità di video più o meno violenti e più o meno pornografici; esistono manuali e tutorial per chi volesse informarsi e modernizzarsi; ci sono siti che offrono assistenza legale, medica, psicologica alla comunità kinky.

La kryptonite rosa

Da ragazzino ero un appassionato lettore di Superman, che in realtà allora si chiamava Nembo Kid. La cosa che più mi atterriva, nelle storie di Nembo Kid, era la possibilità che qualche nemico malvagio, tipo Luthor o Brainiac, lo attirasse in una trappola e lo facesse indebolire o addirittura morire esponendolo alla kryptonite verde. Gli altri tipi di kryptonite (rossa, dorata, bianca) mi spaventavano di meno, perché i loro effetti erano meno drammatici.

Mai avrei pensato, a quel tempo, che in futuro il mio eroe avrebbe potuto incontrare la kryptonite rosa, che trasforma un eterosessuale in omosessuale, come nel 2003 è accaduto sul numero 79 di *Supergirl* (la "ragazza d'acciaio", versione femminile di Superman). Ma ancor meno avrei immaginato che, un giorno, gli autori del celebre fumetto avrebbero disegnato un Superman gay, che fa coming out con il giornalista hacker dai capelli rosa Jay Nakamura, e lo fa *motu proprio*, perché così gli detta il cuore, non perché è venuto in contatto con un pezzo di kryptonite rosa, che capovolge l'orientamento sessuale a prescindere dalla volontà del diretto interessato.

Per me sarebbe stato come Giovanna d'Arco che diventa casalinga, Napoleone che fa il pastore di pecore o, per metterla in termini attuali, Gesù Cristo che partecipa a *X Factor*.

Ora però sono cresciuto, non leggo più Superman, faccio il sociologo. E mi limito a chiedermi: perché?

Perché gli autori hanno scelto di snaturare Superman?

Intanto bisogna dire che, in realtà, nemmeno i progressistissimi autori di Superman hanno osato dare un partner maschio a Superman, emblema della virilità. Per regalare un amore omosessuale al supereroe di Krypton hanno prudentemente scelto suo figlio Jon, anche lui dotato di ultrapoteri, ma sensibile e delicato, ben più sintonizzato del padre con i grandi temi del nostro tempo: riscaldamento globale, problema dei rifugiati, violenza nelle scuole.

Ma torniamo alla domanda: perché cambiare l'orientamento sessuale di Superman?

La prima risposta che viene in mente è che il mondo è cambiato, l'omosessualità non è più tabù, e le case produttrici di film, cartoni animati e graphic novel vogliono stare al passo con i tempi. Anzi, in un certo senso vogliono precorrere e radicalizzare i tempi, amplificando le tendenze in atto. Basti pensare che, solo fra le due case produttrici Marvel e Dc Comics (quella di Superman, Batman e Wonder Woman), si contano più di 150 supereroi LGBT+. Insomma, quella di lanciare un Superman gay o bisessuale sarebbe una scelta culturale, o politico-culturale. Forse quel che volevano è farcelo capire fino in fondo, che il mondo è cambiato. Sensibilizzarci. Rieducarci, se necessario.

In realtà le cose sono assai più prosaiche. La creazione di un supereroe gay risponde innanzitutto a una logica economica. Da tempo le case creatrici di supereroi, per contrastare la perdita di pubblico degli eroi "universali" alla Superman, puntano sulla differenziazione dell'offerta, cercando di offrire alle varie nicchie del mercato supereroi su misura. È così che, per allargare il pubblico degli utenti, sono stati ideati vari Superman cinesi e neri, e sono stati "sessualmente riconfigurati" classici come Batman e Robin, Batwoman, Wonder Woman.

Il caso di Jon, figlio di Superman, protagonista di una storia di amore omosessuale, rientra in questa casistica. E rivela la matrice commerciale dell'operazione: la nuova serie non è piaciuta ai lettori e, di fronte al calo delle vendite, la Dc Comics (ideatrice del Superman gay) non ha esitato a interrompere le pubblicazioni.

A quanto pare, il buon vecchio Marx ci aveva visto giusto: la struttura (economica) è più importante della sovrastruttura (culturale).

Olimpiadi pedagogiche

Ha suscitato un certo scalpore, nell'estate del 2024, l'idea degli organizzatori delle Olimpiadi parigine di educarci "alla diversità e all'inclusione" allestendo una parodia dell'*Ultima Cena* di Leonardo da Vinci, con sfilata di *drag queen* e una (alquanto volgare) esibizione di un attore nella parte di Dioniso, dio pagano del vino, della festa e della trasgressione.

La cosa ha ovviamente turbato una parte del mondo cristiano, suscitato le ire della destra tradizionalista, nonché attivato varie difese di ufficio da parte progressista. La cosa più divertente, però, sono state le giustificazioni degli organizzatori, e in particolare del direttore artistico Thomas Jolly.

In un primo tempo, la risposta alle critiche è stata che il messaggio dello spettacolo di ballerine e drag queen era che "in Francia abbiamo diritto di amarci come vogliamo e con chi vogliamo", un chiaro riferimento al mondo

LGBT+. Nessuno ha messo in dubbio che l'esibizione parodiasse l'*Ultima Cena*, mostrando Gesù e gli apostoli in abiti femminili e piuttosto discinti. Anzi non pochi hanno cominciato a tirare in ballo la libertà artistica, paragonando il caso a quello tragicamente celebre delle caricature di Maometto pubblicate su *Charlie Hebdo*, che nel 2015 erano costate la vita a 12 persone, fra cui 4 vignettisti.

Passano 48 ore e, improvvisamente, la versione cambia. Anziché rivendicare la libertà artistica e i diritti LGBT, gli organizzatori fanno una clamorosa quanto tardiva marcia indietro. Il direttore artistico dice che no, è stato tutto un equivoco, lo spettacolo non alludeva all'*Ultima Cena*, in realtà l'idea era solo di mettere in scena "una grande festa pagana, legata agli dei dell'Olimpo". E la direttrice della comunicazione, per mettere fine alle polemiche, taglia corto e dichiara: "Se qualcuno è stato offeso, noi ce ne scusiamo."

L'intera vicenda è estremamente istruttiva, perché consente di mettere in evidenza due clamorose falle logiche del politicamente corretto.

La prima falla è che se, in nome dell'arte o del diritto di critica, teorizzi la libertà di canzonare le religioni, allora non puoi farlo con certe religioni (il cristianesimo) e autocensurarti con altre (l'Islam). Da questo punto di vista, sono stati più coerenti i vignettisti di *Charlie Hebdo*, che hanno avuto il coraggio di infrangere il tabù che in occidente protegge l'Islam.

La seconda falla logica è che alcuni dei principi generali della wokeness sono reciprocamente incompatibili. L'idea di poter parodiare una religione senza offenderne i fedeli è chiaramente contraddittoria. Analogamente, se in nome dei diritti di alcune minoranze sessuali ne metti in scena le manifestazioni più controverse e divisive, non puoi – contemporaneamente – sostenere che la comunicazione deve essere inclusiva e non offendere nessuno. Il caso paradigmatico, in proposito, sono i vari Pride e pseudo-Pride, che sono certamente più che legittimi, ma palesemente poco inclusivi. Il problema logico è che si vogliono far coesistere due principi incompatibili: il diritto di alcuni di manifestare se stessi in totale libertà, e il diritto di altri di non venirne turbati o offesi.

Come se ne esce?

A mio parere il nodo fondamentale è di tipo per così dire tecnologico: dobbiamo classificare i messaggi in base al supporto comunicativo, skippabile o non skippabile, su cui usano viaggiare.

Un supporto è skippabile se permette di sottrarsi al messaggio senza costi significativi. Ad esempio, se sono musulmano posso non andare in edicola a comprare il settimanale *Charlie Hebdo*. Se sono un po' bigotto, posso non andare a vedere il gay Pride. Se ho un minimo di buon gusto, posso non guardare programmi TV come *Il grande fratello*, *L'isola dei famosi*, o *Temptation Island*. Se mi disturba la pornografia, posso evitare certi siti, certi canali, certi film.

Un supporto, invece, è non skippabile se per sottrarsi a un messaggio indesiderato mi costringe a rinunciare ad altri messaggi, che invece mi interessano. Tipici esempi le Olimpiadi, il festival di Sanremo, il concertone del 1° maggio, eventi che la gente segue per guardare le gare di atletica e ascoltare le esibizioni musicali, ma che sempre più spesso contengono anche messaggi "pedagogici" che una parte del pubblico può non gradire, o da cui può sentirsi offesa, turbata, o indebitamente indottrinata. Lo stesso discorso, su scala molto minore, vale per i numerosi pop-up che ci balzano addosso mentre leggiamo un articolo o navighiamo in un sito.

Ebbene, se si usa la distinzione fra messaggi skippabili e non skippabili diventa chiaro perché il parallelo fra le caricature di Maometto su *Charlie Hebdo* e la parodia del cristianesimo alle Olimpiadi parigine non regge. Le vignette su Maometto erano skippabili, anche se potenzialmente virali. La parodia del Cristianesimo era non skippabile perché parte integrante dello spettacolo in cui era stata impiantata. Non solo, ma quella parodia, a differenza delle vignette di *Charlie Hebdo*, aveva un chiaro intento pedagogico, di indottrinamento e di cosiddetta sensibilizzazione.

È questa la scorrettezza, la mossa subdola cui le direzioni artistiche non riescono più a sottrarsi: approfittare di un grande evento, come possono essere le Olimpiadi o il Festival di Sanremo, per imporre a tutti un messaggio di parte, che finge di voler includere ma offende chi non lo condivide.

7. Eccessi della virtù e nuova élite

La dialettica dell'ombrello

3 luglio 2017, Sulmona, Italia. Sui giornali scoppia una polemica perché, a un convegno del PD all'aperto funestato dalla pioggia, a soccorrere i protagonisti – quasi tutti maschi – si precipita una schiera di "ombrelline", ovvero ragazze che reggono provvidenziali ombrelli. Indignazione delle donne del PD, umiliate perché è toccato a loro, così progressiste & femministe, fare da ancelle ai maschi del partito.

17 marzo 2024, Indian Wells, California. Durante l'incontro di tennis fra Janik Sinner e lo spagnolo Carlos Alcaraz si mette a piovere, e una graziosa ombrellina-raccattapalle porta un ombrello a Sinner. Il giovane campione, con molta semplicità, si siede a parlare con la ragazza e, cavallerescamente, regge lui l'ombrello. Indignazione su alcuni social, secondo cui Sinner "fa il maschio alpha", si comporta da "patriarcale retrogrado" e da "cis eterosessuale che fa il marpione con le ragazze".

Appena qualche giorno prima, in occasione della festa della donna, il professor Spartaco Pupo, studioso del filosofo David Hume, di cui ha curato i saggi giovanili sulla galanteria, pensando (ingenuamente) di rendere omaggio alle donne, pubblica un post con il seguente pensiero, formulato nella prima metà del Settecento:

> Poiché la natura ha voluto che l'uomo fosse superiore alla donna, dal momento che l'ha dotato di una forza maggiore sia nell'animo che nel corpo, all'uomo spetta mitigare quella superiorità fino a che è possibile, con l'altruismo e con una calcolata riverenza e comprensione per le tendenze e le opinioni di lei. A ostentare quella superiorità sono i popoli barbari, che riducono le donne alla schiavitù più abietta, segregandole, battendole, vendendole e uccidendole. Ma in un popolo civile gli uomini dimostrano la loro autorità in modo più generoso, se non meno evidente, ossia con le buone maniere, la deferenza, la considerazione, in breve con la galanteria.

Apriti cielo. Una valanga di improperi, minacce di provvedimenti disciplinari, intimazioni di rimuovere il post investe il malcapitato. L'avvocato (o avvocata?) Maria Stella Ciarletta, "consigliera di fiducia" dell'università della Calabria, tuona contro l'incauto studioso di Hume. Secondo l'illustre avvocatessa, le affermazioni (di Hume) citate nel post hanno "portata discriminatoria", e "appaiono in contrasto con il Codice di Condotta di Ateneo". Ohibò, lo sciagurato filosofo scozzese non ha letto il codice etico dell'università della Calabria.

Di qui la perentoria richiesta al prof. Pupo di "adottare ogni opportuna modifica dei contenuti del post finalizzata a chiarire la non condivisione da parte sua della citazione, o quantomeno, una contestualizzazione storica della stessa". Minaccia finale: se il prof. Pupo non integra e/o contestualizza il post, provvederà lei stessa, forte del suo ruolo, a intimargli di rimuovere il post.

Per fortuna il professor Pupo non si piega, e si guarda bene dal rimuovere, spiegare o "contestualizzare" il post. Probabilmente, ha troppa stima dei suoi studenti per pensare che non sappiano collocare da soli le parole di Hume nel suo tempo, o che non siano in grado di distinguere il pensiero di un classico da quello dello studioso che lo cita tre secoli dopo. Spiegare il post, dissociandosi da una parte dei suoi contenuti, sarebbe come se – di fronte al dipinto del "ratto di Europa" di Tiziano – un critico d'arte dovesse precisare che lui, al posto di Zeus, non avrebbe stuprato la bella fanciulla.

Ora però proviamo a mettere insieme le tre vicende: ombrelline del PD, ombrellina di Sinner, galanteria di Hume. Che cosa hanno in comune?

Fondamentalmente, segnalano la scomparsa di un codice condiviso in materia di rapporto fra i sessi. E dire che, negli ultimi 1000 anni, un tale codice è sempre esistito in Europa. Nei primi 500 anni del millennio scorso era la cavalleria, nei 500 anni successivi è stata la galanteria. Ora un tale codice non esiste più.

Mettetevi nei panni di Tim, uno studente bianco-maschio-eterosessuale che studia in un college americano e vuole corteggiare una compagna di corso. La ragazza è carina, brillante, di origini ispaniche. Che fare?

La invito a bere una birra? O la porto a fare una gita nei dintorni, sulla mia macchina? O la invito in un bellissimo ristorante? Come iniziare il rapporto?

Se le mando dei fiori nella stanza, potrebbe svenire, sorpresa e compiaciuta dal gesto di altri tempi; oppure potrebbe darmi del vecchio marpione adescatore di femmine.

Se la invito a salire sulla macchina devo aprirle la portiera, o rischio di offenderla, e che mi dica che non la tratto da pari?

E al ristorante, devo pagare io o devo lasciare che ognuno faccia per sé?

Sempre che al momento del conto ci si arrivi, magari lei mi ha già mollato, indignata perché le avevano dato il menù senza prezzi come ancora si fa in alcuni ristoranti di lusso.

E se fosse tutto sbagliato, perché in realtà dovrei iniziare dalle basi, confessando che mi sento in colpa per essere bianco, per di più maschio, e mi rendo conto del mio ingiusto privilegio?

Ma ammettiamo che tutto vada liscio, e alla fine della serata lei accetti di venire nella mia stanza. Come mi devo comportare a quel punto? Io non so se lei è come Catherine Denueve, che in un accorato appello di qualche anno fa non aveva timore di scrivere che "rimorchiare in maniera insistente o imbarazzante non è un delitto, né la galanteria un'aggressione machista".

Ma se non fosse come Catherine?

Posso sfiorarle un braccio? O avvicinarmi per un bacio? O soltanto dirle che mi piacerebbe baciarla?

Nei college come il mio basta che una studentessa dica di aver subito molestie, o anche solo di essersi sentita micro-aggredita dalla frase di un corteggiatore, per finire nei guai con la burocrazia accademica, i codici etici, le commissioni di indagine.

Già, ora che ci penso Catherine Deneuve diceva anche un'altra cosa:

> Ancora uno sforzo e due persone adulte che avranno voglia di andare a letto insieme subito prima dovranno, tramite una app del loro smartphone, firmare un documento nel quale le pratiche che accettano e quelle che rifiutano saranno debitamente specificate.

Sapete che c'è, conclude spossato il povero Tim… Io stasera me ne sto nella mia stanza, e mi vedo una bella serie hot su Netflix.

Lasciamo da parte Tim, e torniamo alla domanda: perché un codice comune non esiste più?

Qualcuno potrebbe incolpare la rivoluzione femminista, che dopo il Sessantotto ha aperto la strada a nuovi codici e a nuove relazioni fra i sessi, più libere e paritarie. Ma sarebbe fuorviante. Per molti decenni, quei nuovi codici sono stati capaci di coesistere fra loro e con i vecchi codici, senza drammi e sopraffazioni.

Ora non più. Ora a prendere il sopravvento nel discorso pubblico è la cultura woke, che è qualcosa di profondamente diverso dal femminismo storico.

Ma che significa cultura woke, nei rapporti fra uomo e donna?

Contrariamente a quel che si potrebbe supporre, non significa proporre un nuovo insieme di regole, ben definito e condiviso, che poco per volta prende il posto di codici antichi, superati dall'evoluzione del costume. No, la mentalità woke è molto di meno e molto di più. Molto di meno, perché non dà luogo ad alcun codice di comportamento condiviso dalla maggior parte delle donne, le quali – come hanno dimostrato gli studi di Catherine Hakim – differiscono radicalmente fra loro quanto a piani di vita e aspettative nei confronti degli uomini. Molto di più, perché la sua attitudine fondamentale è scrutare i comportamenti (e i discorsi!) maschili alla perpetua ricerca di tracce – anche impercettibili, indirette, ipotetiche – di supposti atteggiamenti patriarcali, sessisti, discriminatori, disturbanti, offensivi. Il tutto secondo gli insindacabili parametri delle sue autoproclamate vestali, o secondo gli imperscrutabili vissuti interiori di chiunque si proclami vittima di molestie, offese, micro-aggressioni, turbamenti della propria sensibilità.

Accade così che perfino la gentilezza possa essere scambiata per adescamento (caso Sinner), che un pensiero del passato venga letto nel codice del presente (caso Pupo), o che un ombrello possa, a seconda della mente di chi osserva, assurgere a simbolo di galanteria o di maschilismo.

Tempi duri, per i sopravvissuti gentiluomini del presente, come Jannik Sinner. E tempi durissimi, per gli incauti studiosi del passato, come il professor Pupo.

Femminile a tutti i costi

Le lingue cambiano. Ci sono parole antiche che evaporano, scomparendo dall'uso ("stolto", ad esempio). Altre nascono a un certo punto, per non lasciarci più ("badante"). Altre ancora compaiono all'improvviso, e poi si inabissano come fiumi carsici, non si sa bene perché ("sclerare").

È la deriva della lingua (*language drift*), come la chiamava il grande linguista Edward Sapir. Fino a qualche tempo fa, i cambiamenti sono sempre avvenuti in modo graduale, consensuale, e dal basso. Un nuovo termine, un nuovo modo di dire, una parola presa a prestito da una lingua straniera (sciccheria, latin lover, sexy, kaputt) facevano ingresso nel nostro vocabolario in modo naturale, in quanto il loro uso agevolava la comunicazione, o rendeva più espressivi i nostri discorsi. Le parole nuove entravano nelle nostre vite in punta di piedi, perché nessuno le imponeva, e tutti le accettavano. Le innovazioni linguistiche ci avvicinavano, ci facevano sentire parte di una medesima comunità di parlanti.

Oggi è molto diverso. Il cambiamento avviene secondo altre modalità e meccanismi. Uno di tali meccanismi è l'immissione a getto continuo di termini inglesi più o meno superflui (challenge, follower...) e di neologismi più o meno repellenti (finalizzare, attenzionare...). Un altro sono i tentativi, da parte di gruppi più o meno organizzati, di imporre a tutti l'abbandono di certe parole o espressioni (donna di servizio) e la loro sostituzione con altre (colf). Un altro ancora è lo stravolgimento della grammatica e dell'ortografia, con l'introduzione di desinenze astruse (caru tuttu, anziché cari tutti), o semplicemente impronuciabili (car* tutt*, o carə tuttə), il cui scopo sarebbe di non discriminare nessuno, includendo tutti i tipi di persone: maschi, femmine, trans MtF, trans FtM, intersessuali, persone non binarie eccetera.

Ma qual è la differenza cruciale fra la vecchia deriva della lingua, e il cambiamento pilotato di oggi?

La differenza cruciale è che le innovazioni di oggi, diversamente da quelle del passato, hanno un alto potenziale discriminatorio. Quasi sempre frutto di scelte arbitrarie delle élite, la loro funzione è di accrescere lo status morale di chi le promuove (il cosiddetto *virtue signalling*), e di far sentire inadeguati quanti non le approvano o semplicemente non le capiscono, o non sono capaci di applicarle correttamente. Milioni e milioni di persone hanno ben altri problemi nella vita, e non sono certo felici di essere guardate dall'alto in basso dai riformatori del linguaggio.

Proprio per evitare la Babele delle scelte linguistiche e l'umiliazione dei ceti deboli, il Land tedesco della Baviera ha di recente messo al bando l'uso dell'asterisco, dello schwa (ə), della chiocciola (@), dei due punti, del trattino basso e di ogni altro artificio per indicare sia i maschi sia le femmine, al singolare o al plurale. Nelle scuole, università e istituzioni pubbliche si torna al cosiddetto "maschile sovraesteso", per cui la forma maschile, singolare o plurale (lo studente, gli alunni, i docenti, tutti), non si riferisce solo alle persone di genere maschile, ma a tutte le persone, quale che sia il loro genere. In sostanza: si torna alla grammatica tedesca e alle sue semplici convenzioni, capite da tutti.

E in Italia? In Italia vige il caos. Ogni istituzione si dà regole proprie, e ogni autore si ingegna come può, combattuto fra il timore di essere illeggibile e il terrore di essere accusato di maschilismo. Nelle università, apposite commissioni sottraggono tempo allo studio e alla ricerca scientifica per elaborare, discutere, limare, e infine approvare corpulente linee-guida per redigere documenti più o meno ufficiali.

Il problema è che le soluzioni possibili sono davvero tante. Chi ha provato a farne un censimento ha trovato ben 14 modi di rivolgersi a tutti in modo neutro rispetto al genere:

1	Doppia forma	Care tutte e cari tutti
2	Circonlocuzione	Care persone
3	Entrambe le desinenze	Carei tuttei
4	Entrambe le desinenze divise dal punto	Care.i tutte.i
5	Entrambe le desinenze divise con la barra	Care/i tutte/i
6	u finale	Caru tuttu
7	x finale	Carx tuttx
8	y finale	Cary tutty
9	Omissione ultima lettera	Car tutt
10	Trattino basso	Car_ tutt_
11	Asterisco	Car* tutt*
12	Apostrofo	Car' tutt'
13	Chiocciola	Car@ tutt@
14	Schwa	Carə tuttə

Ma c'è anche un secondo problema. Se ogni università, consiglio comunale, regione o ministero adotta una sua soluzione per non apparire retrogrado, maschilista e sessista, come si fa a segnalare la propria virtù? Come si fa a far capire a tutte/tutti quanto si è impegnati nella battaglia per demascolinizzare la lingua? In che modo far sapere al mondo quanto ci sta a cuore la causa delle donne? Come emergere in modo inequivocable?

Be', è difficile. Però c'è un ateneo che un modo l'ha trovato. È l'uovo di Colombo: anziché cercare di volgere tutto al neutro, volgiamo tutto al femminile. Nel nuovo Regolamento Generale di Ateneo dell'università di Trento tutti i termini che designano ruoli, incarichi, posizioni, categorie sono declinati al femminile: per quasi cinquanta pagine il lettore troverà solo termini plurali come professoresse, studentesse, segretarie, e termini singolari come direttrice, professoressa, decana, candidata, rettrice, o Magnifica Rettrice.

Rettrice, anche se – come nel caso dell'Ateneo di Trento – la rettrice (per adesso) è un rettore, biologicamente maschio?

Sì. La regola vale per tutti. Nei vecchi documenti del sito dell'ateneo il rettore è tuttora chiamato rettore, ma nel Regolamento Generale di Ateneo verrà chiamato Rettrice.

Bisogna ammettere che la trovata è ingegnosa. D'ora in poi nessun ateneo italiano potrà considerarsi più inclusivo di quello di Trento, anche se in quest'ultimo le professoresse ordinarie (biologicamente femmine) occupano solo poco più di un quarto dei posti, la carica di "rettrice" è occupata da un maschio-maschio, e qualsiasi politica di vera inclusione (ad esempio premi agli studenti bisognosi e meritevoli, spazi-nido per i bambini delle professoresse-madri) dovrà misurarsi con il fatto che, prima di ribattezzarsi rettrice, il rettore ultra-inclusivo aveva portato i conti dell'ateneo in rosso.

Obbligatorio schierarsi

Facciamo un esperimento mentale. Il parlamento italiano approva una legge che vieta l'educazione sessuale nelle scuole elementari (non importa qui entrare nel merito dei dettagli). Trattandosi di materia delicata, credo che nessuno si stupirebbe se varie associazioni di genitori, educatori, psicologi o altre categorie scendessero in campo, a favore o contro la legge. Nemmeno ci stupiremmo troppo se scrittori, studiosi, docenti, giornalisti, artisti e celebrità varie dicessero la loro, sui quotidiani o in TV. Così come considereremmo normale, in un mondo infestato dai social, che migliaia di utenti di Internet fornissero il loro parere non richiesto sulla nuova norma.

Quello che invece ci apparirebbe strano, per non dire assurdo, è che l'amministratore delegato di un'azienda che di tutt'altro si occupa – per esempio una catena di supermercati – si scusasse con le proprie commesse e i propri impiegati per non aver preso immediatamente posizione contro la legge. Se lo facesse, lo considereremmo fuori luogo. Che cosa c'entra un supermercato con l'educazione sessuale dei ragazzi? E poi, visto che la questione è controversa, perché mai l'amministratore delegato di una catena di supermercati dovrebbe prendere posizione contro? Perché non a favore?

Adesso spostiamoci negli Stati Uniti: lì invece può succedere. Anzi, è già successo. La questione controversa è a che età si può cominciare, nella scuola, a parlare di scelta di genere e orientamento sessuale. Come noto, le associazioni LGBT+ premono perché la scuola ne parli il più presto possibile. Diverse associazioni di genitori, invece, chiedono che venga rispettato l'articolo 26 della *Dichiarazione universale dei diritti umani* (1948), che al comma 3 recita: "I genitori hanno diritto di priorità nella scelta del genere di istruzione da impartire ai loro figli."

Insomma, un caso perfetto di questione controversa. Su di essa, qualche mese fa, il governatore (repubblicano) della Florida ha varato una legge (battezzata *Don't Say Gay*) che fissa il confine fra la 3° e la 4° elementare: nella scuola materna e fino alla terza elementare non si può parlare di temi LGBT+, dopo invece si può.

Risultato: Bob Chapek, amministratore delegato della Disney (un'azienda che ha una forte presenza in Florida), si è scusato con i propri dipendenti per non aver preso posizione tempestivamente *contro* la legge. E lo ha fatto con parole patetiche, per non dire piagnucolose: "Avevate bisogno di me come alleato più forte nella lotta per la parità di diritti e io vi ho deluso. Mi dispiace."

Perché è intervenuto, lui che fa film e cartoni animati? Perché si è sentito in dovere, su una questione altamente controversa, di prendere posizione contro, anziché a favore?

La risposta non è semplice, perché è fatta di due tasselli logici distinti. Il primo è che l'establishment americano (di cui Chapek è parte) è progressista, e per i progressisti americani quella questione non è politica ma etica. Dunque ammette un'unica soluzione, esattamente come – per i fanatici religiosi – la sacralità della vita del feto chiude ogni possibilità di discussione sull'aborto.

Fin qui siamo di fronte a un problema di intolleranza laica, variante illuminista dell'intolleranza religiosa. Ma questo spiega solo perché il CEO di Disney abbia preso posizione *contro* la legge, anziché a favore. Non spiega come mai si sia sentito in dovere di assumere pubblicamente una posizione, anziché occuparsi del prossimo cartone animato.

Già, come mai?

E qui veniamo al secondo tassello. La ragione per cui, a differenza di quel che accadrebbe in Italia, in America un amministratore delegato si sente tenuto a prendere posizione è che lì il politicamente corretto è riuscito a imporre una sorta di (folle) presunzione di colpevolezza: dato che discriminazione e razzismo sono ubiqui e "sistemici", siamo tutti sotto accusa sempre, e tutti colpevoli fino a prova contraria. Prendere posizione nel modo giusto è l'unico mezzo che abbiamo per provare la nostra innocenza.

Se poi – come l'amministratore delegato di Disney – siamo anche persone importanti, posizionarsi correttamente diventa questione di vita o di morte: se non lo facciamo, non rischiamo semplicemente un calo di fatturato innescato da una campagna contro di noi, ma possiamo star certi che non potremo evitare stigma, emarginazione, esclusione dai giri che contano: posizionarsi è condizione imprescindibile per continuare a far parte dell'élite.

PayPal: la censura nel conto corrente

Supponete di avere un conto in banca, e di essere soliti fare pagamenti e bonifici via cellulare, mediante il cosiddetto home banking. Un bel mattino vi accingete a pagare una bolletta della luce e scoprite che non potete effettuare il pagamento. Il vostro conto è bloccato. Preoccupati, controllate di non essere andati in rosso (non vi sembra proprio di aver esaurito la liquidità). In effetti, andando a vedere i movimenti, scoprite di avere un saldo attivo di 5000 euro. Dunque non siete andati in rosso. Però, leggendo l'estratto conto, vi accorgete di una cosa strana: alla data di ieri, risulta un prelievo di 1500 euro da parte della vostra banca. Preoccupati telefonate, ma vi rispondono che non possono darvi spiegazioni al telefono: se volete averne, dovete recarvi nella vostra filiale.

Arrivati in filiale, venite indirizzati al Direttore, e gli chiedete le ragioni del blocco e del prelievo. Lui vi guarda con aria pensierosa, vagamente corrucciata. Una lieve espressione di rimprovero si dipinge sul suo volto:

Mia cara signora, abbiamo dovuto chiuderle il conto, e multarla di 1500 euro, perché lei ha violato il nostro codice etico. Dovrebbe sapere – se ha letto attentamente il contratto di servizio con cui è diventata nostra correntista – che la Banca si riserva il diritto di bloccare i conti e prelevare somme (fino a un massimo di 2500 euro) nel caso in cui il correntista "esprima o faccia circolare messaggi o materiali che promuovono disinformazione, o confliggano con i nostri principi di tolleranza, inclusione, rispetto delle minoranze". Di più non possiamo dirle, se vuole saperne di più può inoltrare un reclamo alla nostra sede centrale.

Sbalordita, la nostra correntista si chiede che cosa può avere attivato l'azione della banca. Poi, pensandoci, le viene in mente di aver inoltrato a diverse sue amiche un articolo di quotidiano in cui si metteva in dubbio l'utilità del lockdown durante il Covid. Dopo qualche mese di indagine, e innumerevoli tentativi di avere risposte dalla sede centrale, scopre che sì, per la Banca quella era la violazione di cui si era resa colpevole.

Fantasociologia? Fantaeconomia? Fantapolitica?

No, è solo quel che – mutatis mutandis – è successo negli Stati Uniti a numerosi utenti (individui, imprese, associazioni) della piattaforma di pagamento PayPal. Più esattamente, quel che può capitare e capita è che l'utente riceva una mail nella quale viene avvisato che il suo account è stato sospeso, o addirittura chiuso, in quanto secondo la

Banca "il suo modello di business è cambiato o è stato considerato rischioso".

Ma da chi? E perché?

Dal "Dipartimento di rischio e conformità" di PayPal, e non perché l'utente rischi il fallimento economico, ma semplicemente perché rischia di non essere allineato ai principi etici della piattaforma di pagamento.

Ma quali sono questi principi etici?

Lo spiega bene, su *The Free Press*, la giornalista e ricercatrice indiana Rupa Subramanya.

> [PayPal] sta sempre più diventando un ufficiale di polizia. Decide che cosa è giusto e che cosa sbagliato, chi va ascoltato e chi silenziato. Tiene fuori del circuito finanziario le persone e le imprese che sono fuoruscite dai parametri del discorso accettabile [...].
>
> L'opinione generale [corretta] è difficile da articolare; è un'ideologia che difetta di contorni ideologici chiaramente definiti. Ma i cardini sono inconfondibili:
>
> a) la nuova politica progressista su razza e genere è una forza del bene;
>
> b) il lockdown per il Covid era giusto;
>
> c) la guerra in Ucraina è nobile;
>
> d) uno scambio senza restrizioni di idee e opinioni è una inaccettabile minaccia ai principi precedenti.

Sulla base di questi principi, ma non si sa esattamente attraverso quali meccanismi di delazione e sorveglianza, PayPal ha sospeso, cancellato, multato un numero indefinito di utenti e aziende (anche di grandi dimensioni), talora provocando danni economici ingenti a causa della brusca interruzione dei flussi di riscossioni e pagamenti.

La vicenda di PayPal è illuminante, per tanti motivi. Intanto, ci mostra quanto in profondità è penetrata la cosiddetta cultura woke. Che le case editrici, le scuole, le università, le associazioni, i media censurino e si autocensurino è molto inquietante, ma si può tentare (maldestramente) di spiegarlo con la delicatezza dei contenuti che tali organizzazioni maneggiano. Ma che lo facciano anche banche e istituzioni finanziarie, che si occupano esclusivamente di denaro, mostra che la volontà di controllo, censura e repressione delle idee ormai sta prendendo di mira i cittadini-utenti in quanto tali, indipendentemente dai ruoli che ricoprono nella vita sociale. E lo fa senza alcuna specifica competenza culturale, etica, morale, religiosa, sociologica, politica negli ambiti in cui pretende di far valere il proprio (di fatto insindacabile) giudizio. La vicenda di PayPal sancisce il diritto di certi privati di discriminare altri privati in base alle loro idee. Molti hanno notato una inquietante affinità con il Sistema di Credito Sociale (SCS) varato dal Partito comunista cinese, un software di monitoraggio sistematico delle transazioni e delle attività dei cittadini, che permette al Partito stesso di assegnare punteggi di reputazione, che a loro volta regolano un complesso sistema di agevolazioni, penalizzazioni, esclusioni.

Ci si potrebbe chiedere come ciò possa avvenire negli Stati Uniti, a dispetto del Primo Emendamento della Costituzione americana, che tutela la libertà di parola. La risposta è che, contrariamente a quanto molti credono, il Primo Emendamento non garantisce affatto la libertà di parola *in generale*, ma solo rispetto alle interferenze del Congresso, che non può promulgare leggi che limitino la libertà di parola o di stampa:

> Il Congresso non promulgherà leggi per il riconoscimento ufficiale di una religione, o che ne proibiscano la libera professione; o che limitino la libertà di parola, o della stampa; o il diritto delle persone di riunirsi pacificamente in assemblea e di fare petizioni al governo per la riparazione dei torti.

Ecco perché PayPal, che non è il Congresso né una emanazione del governo, ha le mani libere. Ha diritto di stipulare contratti con individui e società, e dentro i contratti può prevedere clausole, codici di condotta, regole da rispettare. Naturalmente, il cittadino-utente è libero di non aderire, ma se sottoscrive le clausole del contratto, non può respingerle, contestarle, trasgredirle invocando il

Primo Emendamento. Le strade da seguire, ammesso che ve ne siano, devono essere altre.

Anche in questo senso la vicenda di PayPal è illuminante. Essa spiega perché le piattaforme che rendono possibili le comunicazioni fra utenti dispongono di un potere di censura (quasi) illimitato, che esercitano attraverso l'emanazione di regole, codici etici e algoritmi tanto arbitrari quanto incontrollabili.

Se ne può uscire in qualche modo?

Ancora una volta, è quel che è accaduto con PayPal che ha qualcosa da insegnarci. In questo come in altri casi a smuovere le acque, e a mitigare le brame censorie delle piattaforme, provvede l'economia, non certo la politica, e meno che mai la cultura. È la ribellione degli utenti che fa cambiare le cose. PayPal ha dovuto fare marcia indietro quando ha capito che insistendo avrebbe perso clienti. È la diserzione dei lettori che ha convinto la Dc Comics (ideatrice di un discusso Supeman gay) a interrompere le pubblicazioni. E forse sono anche le proteste di una parte degli utenti di Twitter, irritati per le censure di stampo woke, che hanno indotto Elon Musk, l'uomo più ricco del mondo, a comprarsi la piattaforma e a dettare nuove regole di censura.

Dalla padella nella brace?

8. Ascesa e declino del follemente corretto

La parabola di Stonewall

È ormai divenuto comune, anche in Italia, parlare di lobby LGBT+ per riferirsi al complesso di enti, associazioni, organizzazioni che difendono i diritti delle minoranze sessuali. Talora, accanto a questa sigla, ne compaiono di più lunghe, e talaltra – più raramente – anche di più corte (vedi qui sotto).

A prima vista, l'incredibile proliferazione di acronimi per indicare le differenti e più o meno ampie minoranze sessuali che chiedono riconoscimento e protezione testimonia solo la notevole confusione che affligge i loro mondi. Ma non è così. Spesso la proliferazione e la modificazione delle sigle riflettono cambiamenti, evoluzioni, involuzioni e conflitti.

All'inizio, negli anni ottanta, le sigle principali erano GLB e LGB, che differivano fra loro solo per la precedenza assegnata ai gay o alle lesbiche. Negli anni novanta, per includere non solo i bisessuali ma anche i transessuali, venne aggiunta la lettera T, a sua volta seguita – soprattutto negli ultimi due decenni – da varie combinazioni di lettere, sempre più inclusive, fino alla sigla *monstre* LGBTQIAPK.

Poi però è successo qualcosa: una delle minoranze accolte, quella dei transessuali, è entrata sempre più in rotta di collisione non solo con le due minoranze primarie (lesbiche e gay), ma con una parte del femminismo. La frattura non è avvenuta di colpo, ma si è prodotta poco per volta, grosso modo fra il 2019 e il 2022, man mano che emergeva l'incompatibilità fra gli interessi primari della comunità trans (e delle lobby più ampie che la sostengono) e quelli delle donne, o perlomeno di quella parte del mondo femminile che non accetta l'ideologia gender e le sue conseguenze negative sulla condizione delle donne. Oggi quella frattura è diventata una voragine, che taglia trasversalmente tutte le comunità primarie a seconda dell'accettazione o meno del self-id, ossia della scelta completamente libera del genere, senza alcun filtro medico o legale.

Esemplare, in proposito, è la parabola di Stonewall, la più grande organizzazione LGBT+ d'Europa. Fondata nel 1989 nel Regno Unito, prende il nome dai moti avvenuti venti anni prima nella città di New York, in un bar frequentato da omosessuali, transessuali e minoranze di vario tipo.

Nei primi anni della sua esistenza, l'associazione vince importanti battaglie contro i crimini d'odio, l'esclusione degli omosessuali dall'esercito, le limitazioni alla libertà di espressione in materia di omosessualità, solo per ricordarne alcune. Nel 2001 lancia un programma, denominato *Diversity Champions*, volto a promuovere il rispetto dei diritti LGBT sul posto di lavoro attraverso una sorta di gara a chi è più LGBT-friendly fra centinaia di imprese, organizzazioni, enti pubblici e privati, con pubblicazione finale della graduatoria basata su un *workplace equality index*, elaborato da Stonewall medesima.

Il programma funziona più o meno così: l'organizzazione che vuole partecipare paga Stonewall per essere addestrata al rispetto dei diritti LGBT+, poi Stonewall stesso valuta i risultati ottenuti da ogni organizzazione, infine pubblica la graduatoria che permette ai meglio classificati di esibire la loro virtù.

Poco per volta, al programma si iscrivono organizzazioni sempre più importanti, compresi giganti come multinazionali, banche, università, la BBC, Channel 4, la marina militare, l'aviazione, enti governativi, vari ministeri (compresi istruzione, salute, giustizia), e persino il mitico MI5, il servizio segreto immortalato dai film di James Bond. Nel momento di massimo splendore, intorno al 2020, le organizzazioni iscritte sfiorano il migliaio, e i lavoratori coinvolti sono diversi milioni.

A un certo punto, però, l'incantesimo si rompe. Una inchiesta giornalistica di David Thompson e Stephen Nolan, insieme a varie prese di posizione pubbliche, fra cui quelle di alcuni fondatori di Stonewall stessa, poco per volta ne svelano alcuni lati problematici:

(a) l'organizzazione, che dovrebbe tutelare anche gay, lesbiche e bisessuali, è completamente egemonizzata dagli attivisti trans;
(b) l'organizzazione aderisce senza riserve all'ideologia gender (primato del genere sul sesso biologico), contestata da importanti settori del femminismo e del mondo omosessuale;
(c) le idee difese da Stonewall sono in conflitto con l'Equality Act, che è saldamente fondato sul sesso biologico;
(d) nei luoghi di lavoro in cui Stonewall conduce i suoi corsi non è possibile esprimere posizioni critiche;
(e) enti come la BBC, inclusi nel programma Diversity Champions, hanno perso la loro obiettività in materia di diritti LGBT;
(f) il dissenso rispetto al credo e alle linee guida di Stonewall può costare ai dissenzienti provvedimenti disciplinari, sanzioni, licenziamenti, discriminazioni;
(g) non è corretto che enti finanziati con denaro pubblico sostengano un'organizzazione che promuove idee controverse o di parte;
(h) è problematico che le politiche governative in mate-

> ria di diritti siano condizionate da Stonewall attraverso la partecipazione di ministeri ed enti pubblici al programma Divesity Champions.

Nel giro di pochissimo tempo, tra il 2020 e il 2022, buona parte dei maggiori enti che avevano aderito al programma Diversity Champions ritira il suo sostegno a Stonewall. Stonewall stessa subisce una sorta di scissione, allorché alcuni dei suoi fondatori danno vita a LGB Alliance, una organizzazione "senza la T", in quanto programmaticamente tutela solo i diritti di lesbiche, gay e bisessuali, definiti sulla base del sesso biologico. Negli stessi anni prendono sempre più nitidamente forma vari movimenti femministi gender-critical, anch'essi basati sul solo sesso biologico: il più importante, anch'esso con radici nel Regno Unito, è probabilmente la WDI (Women's Declaration International), precedentemente WHRC (Women's Human Rights Campaign), fondata da Sheila Jeffreys e Heather Brunskel-Evans.

Il risultato finale è uno stato permanente di guerra sia nel mondo LGBT+ sia nel mondo femminile. La linea del fronte è quella che, all'interno di entrambi i mondi, separa i gruppi che aderiscono all'agenda gender e i gruppi che la combattono. Possiamo riassumere il dibattito con questa semplice tabellina che, per ognuna delle quattro situazioni logicamente possibili, riporta uno o più esempi di organizzazione che occupa quella posizione.

	Pro gender	*Gender critical*
LGBT+	Stonewall Mermaids Wpath Arcigay (it.)	LGB Alliance Arcilesbica (it.)
Femminismo	Transfemministe UN Women Ni Una Menos (arg.) NUDM (it.)	Femministe gender critical WHRC-WDI Radfem Italia (it.)

Ma qual è la posta in gioco di questa guerra? Su che cosa i due fronti entrano in collisione?

In estrema sintesi, si potrebbe dire che – fondamentalmente – l'ascesa del movimento gender critical è la reazione agli eccessi dell'attivismo LGBT+ in quattro tipi di ambiti della vita sociale:

- uso commerciale del corpo della donna, in particolare con l'utero in affitto (o GPA: gestazione per altri);
- libera scelta del genere (self-id), con conseguente invasione degli spazi femminili nelle gare sportive, nelle carceri, nelle situazioni in cui vigono quote rosa;
- manomissione del linguaggio e delle pratiche mediche, con l'imposizione di parole umilianti o ridicole (persona mestruante) e la soppressione di

parole usate da sempre (donna, madre, allattamento al seno);
- incentivazione del cambio di genere (anche medicalizzato) dei minori, anche contro il parere dei genitori, e a dispetto delle evidenze scientifiche contrarie.

La parabola di Stonewall, che nel giro di 3 anni ha dilapidato una reputazione conquistata in 3 decenni di sacrosante battaglie per i diritti delle minoranze sessuali, è l'illustrazione migliore del funzionamento del follemente corretto: all'inizio, il virus si espande e si autoreplica senza limiti ma, alla lunga, proprio la sua proliferazione incontrollata genera anticorpi, che si incaricano di ristabilire un minimo di ragionevolezza.

Retromarcia scozzese

Che in materia di diritti l'Europa sia un ginepraio si vede a occhio nudo. Che si parli di aborto, matrimonio gay, identità di genere, cambio di sesso, eutanasia, le differenze sono abissali. Ma come dobbiamo leggere questa diversità?

Una lettura molto comune è che i vari paesi si trovino in stadi diversi del cammino che li condurrà tutti, prima o poi, a riconoscere determinati diritti fondamentali, visti come mete di imprescindibili battaglie di civiltà. Un'altra lettura vede il medesimo processo come una pericolosa deriva, che non afferma affatto la civiltà ma ne scandisce il declino. Quel che accomuna le due letture è l'idea che, comunque, la freccia del tempo punti in una direzione precisa, quella dell'espansione dei diritti. E che, essenzialmente, i vari paesi differiscano solo per la velocità con cui progrediscono (a detta dei progressisti) o regrediscono (a detta dei conservatori).

Ma siamo sicuri che la freccia del tempo punti in una direzione sola, quella dell'espansione dei diritti?

Fino a qualche anno fa lo si poteva ragionevolmente pensare, oggi è molto più difficile. Segnali di rallentamento, o di vere e proprie inversioni di tendenza, si osservano in più di un paese, sia a livello legislativo, sia a livello di opinione pubblica. Il caso più clamoroso, probabilmente, è quello della Scozia, governata dal (progressista) Scottish National Party, prima con la carismatica leader Nicola Sturgeon (in carica per 10 anni), poi con il suo successore, l'ultra-progressista musulmano Humza Yousaf. Ebbene, nel giro di 15 mesi la situazione è completamente cambiata.

Alla fine del 2022 la Scozia aveva approvato il *Gender Recognition Act*, una legge che consente il cambiamento di genere (self-id) già a 16 anni, e senza pareri medici o legali. Meno di un anno e mezzo dopo è stato approvato lo *Hate Crime Act*, una legge che – sulla carta – punisce chi non riconosce come donne i maschi transitati a femmine (trans MtF). Inoltre, da tempo veniva ventilata la possibilità di varare una legge molto permissiva sul suicidio assistito.

Apparentemente, una marcia trionfale per le battaglie di civiltà dei progressisti. In realtà le tappe di una vera débâcle. La legge sul self-id ha provocato una vivacissima reazione delle donne, compresa Joanne Rowling, preoccupate per l'invasione degli spazi femminili – incluse le carceri – da maschi auto-identificati come femmine. Di qui le repentine dimissioni della Sturgeon, benevolmente interpretate dai nostri media come la saggia decisione di una donna sopraffatta dalle fatiche del potere (la medesima interpretazione data per le dimissioni della Ardern in Nuova Zelanda e di Sanna Marin in Finlandia). Passa un anno, il *Gender Recognition Act* viene bocciato dal governo centrale britannico, e il successore della Sturgeon, Humza Yousaf, è costretto a sua volta alle dimissioni, travolto dall'ondata di critiche, ancora una volta guidate da Joanne Rowling, contro il potenziale liberticida dello *Hate Crime Act*, una legge in base alla quale – secondo alcuni attivisti trans – avrebbero dovuto finire in carcere quanti la pensassero come la Rowling, e – secondo altri – pure il premier Yousaf, che in passato si era prodotto in discorsi d'odio contro i bianchi (anche qui, l'interpretazione benevola è che il governo sarebbe caduto per dissensi con il partito dei Verdi sulla politica ambientale).

Nel medesimo periodo, anche la Scozia, sulla scia dell'Inghilterra, deve frenare sulla somministrazione di bloccanti e ormoni ai minorenni, mentre i sondaggi rivelano che l'opinione pubblica è sempre più scettica sulla proposta di legge per facilitare il suicidio assistito.

Di qui alcune domande. Primo, siamo sicuri che, sul terreno dei diritti civili, la freccia del tempo punti ancora al loro ampliamento?

Secondo, siamo sicuri che i leader progressisti abbiano il polso delle loro opinioni pubbliche?

L'impressione è che, per molti politici di sinistra, gli attivisti e le lobby LGBT+ contino di più dei rispettivi elettorati, e che questa distorsione percettiva li renda ciechi e potenzialmente autolesionisti. È successo con Sturgeon e Yousaf in Scozia. Ma era già successo in Italia con Enrico Letta e la battaglia perduta sul DDL Zan.

E poi, la domanda delle domande: non siamo pronti alle grandi battaglie di civiltà perché siamo ancora barbari? O è perché non tutte quelle battaglie sono di civiltà?

Lobby trans e crisi del politicamente corretto

A giudicare da come ne parlano i suoi critici, parrebbe che quella del politicamente corretto sia un'ascesa irresistibile. Sorto negli Stati Uniti durante gli anni settanta del Novecento, da allora non avrebbe fatto altro che espandersi, colonizzando l'intero mondo occidentale.

Anch'io ho spesso avuto questa sensazione di ineluttabilità e inarrestabilità. Però, da un po' di tempo, mi sto convincendo che le cose siano più sfumate. Molto più sfumate. Forse non ci siamo ancora resi conto pienamente del fatto che proprio la sua aggressività e la sua pretesa di avere il monopolio del Bene e del Giusto stanno, poco per volta, producendo anticorpi che ne contrastano la diffusione e ne minano il prestigio. Non mi riferisco tanto ad alcune clamorose iniziative di qualche anno fa, come le prese di posizione critiche sul MeToo (lettera-appello di Catherine Deneuve e altre donne illustri), la denuncia dei pericoli della *cancel culture* da parte di Chomsky e altri intellettuali e scrittori, la severa autocritica verso i propri eccessi woke da parte del *New York Times*, l'allarme dell'*Economist* sui rischi che correrebbe la libertà di espressione. Quello che ho in mente sono, piuttosto, alcune vere e proprie crisi di rigetto in atto da qualche tempo in Europa.

Al centro di tali crisi si trovano quasi sempre, direttamente o indirettamente, la lobby trans e i suoi attivisti. Rispettati e coccolati per anni dall'establishment, dall'industria culturale, dalla pubblicità, dagli apparati governativi, da qualche tempo questi gruppi di pressione incontrano resistenze sempre più grandi.

Nel Regno Unito, ad esempio, come abbiamo visto la maggiore lobby di questo tipo – Stonewall – ha perso l'appoggio delle principali istituzioni governative per l'intransigenza e il settarismo con cui ha provato a imporre i suoi codici etici e linguistici sui luoghi di lavoro, con gravi conseguenze (stigmatizzazioni e licenziamenti) su chiunque non ne condividesse l'ideologia.

Sempre nel Regno Unito, non hanno certo contribuito alla popolarità della causa trans le accuse e le minacce a Joanne Rowling, colpevole di voler riservare la parola donna alle donne biologicamente tali. Così come non hanno giovato le intimidazioni verso la professoressa Kathleen Stock e altre donne più o meno in vista, anche loro colpevoli di non accettare l'ideologia trans.

Più in generale, non è piaciuto il ricorso all'acronimo dispregiativo TERF nei confronti delle femministe che si rifiutano di sostituire la parola donna con termini come "menstruator" o "persona con l'utero".

Un pessimo servizio al prestigio della causa trans ha fatto la pretesa dei maschi diventati femmine di gareggiare con le atlete donne, o di invadere gli spazi femminili nelle carceri (con relativi rischi di stupro per le detenute).

Un servizio ancora peggiore sta facendo, in Spagna, la "Ley Trans" (legge trans) sull'autoidentificazione di genere, che permette a chiunque di cambiare genere con estrema facilità, e ai maschi transitati a femmine consente di accedere a svariati diritti riservati alle donne. Una mezza rivolta ha suscitato in Scozia la recentissima legge che, per proteggere le persone trans, finisce per introdurre arbitrari e inaccettabili limiti alla libertà di espressione.

Ma il colpo di grazia all'ideologia trans è venuto dalla scoperta di gravi omissioni e leggerezze nelle strutture ospedaliere che si occupano di disforia di genere e cui spetta autorizzare l'avvio dei percorsi di transizione basati sui bloccanti della pubertà e la somministrazione di ormoni cross-sex. Nella bufera sono finite la clinica Tavistock di Londra, l'ospedale Careggi di Firenze, il colosso Wpath (associazione mondiale per la promozione della salute delle persone transessuali). Il cosiddetto "protocollo olandese", alla base dei percorsi di transizione di genere, è ormai considerato inadeguato, se non pericoloso, visti i drammi vissuti da tanti *detransitioner* e pentiti della transizione.

Come se non bastasse, nella primavera del 2024 – evento più unico che raro – il cambiamento di sesso è entrato simultaneamente nel mirino della religione e in quello della scienza. Il papa lo ha condannato senza mezzi termini, e dichiarato ammissibile "solo in caso di anomalie". Alcune audizioni parlamentari hanno documentato, sulla base di revisioni sistematiche della letteratura scientifica, la fragilità dei presupposti su cui per anni, in Italia, si sono fondate le pratiche di "affermazione del genere". Infine, nel Regno Unito sono stati resi pubblici i risultati del rapporto Cass (una indagine commissionata dal servizio sanitario nazionale britannico), anch'essi alquanto negativi sull'uso dei bloccanti e degli ormoni.

Insomma, l'esito finale della tenzone sul politicamente corretto è incerto. Ma le ultime battaglie sono quasi tutte a favore dei critici.

La caduta degli DEI

Se siete italiani e sentite la parola "dei", pensate agli dei dell'Olimpo: Zeus, Era, Afrodite, Ares, Poseidone... Ma se siete inglesi o americani, la prima cosa che vi viene in mente è la triade Diversity, Equity, Inclusion (DEI), che da anni impazza nelle aziende, nelle grandi burocrazie, nelle università.

Di che cosa si tratta?

Dipende. In alcuni casi è un generico impegno dell'organizzazione a tutelare le minoranze, promuovere l'inclusione dei gruppi sociali marginali, garantire un ambiente aperto e amichevole a omosessuali, transessuali e ogni altra comunità più o meno emarginata, svantaggiata, bisognosa di protezione. In altri casi significa anche l'assunzione di uno staff di specialisti per garantire il rispetto dei principi precedenti, anche con incontri di sensibilizzazione-rieducazione dei dipendenti (in particolare maschi bianchi eterosessuali). In altri casi ancora significa qualcosa di ulteriormente costoso e impegnativo: una politica delle assunzioni basata sulle quote, ovvero su obiettivi di riequilibrio della composizione della forza lavoro: in genere, più donne, più neri, più ispanici, più immigrati, più omosessuali, più transgender eccetera.

Le politiche DEI e le loro varianti esistono da parecchi anni, ma hanno avuto un boom dopo l'uccisione dell'afroamericano George Floyd (25 maggio 2020) e l'esplosione del movimento Black Lives Matter: dal 2023, invece, sono in contrazione, e a giudicare dalle notizie più recenti la caduta si sta facendo sempre più rovinosa. Dalla cosiddetta "agenda DEI" si sono ritirate o hanno manifestato l'intenzione di fare un passo indietro aziende di ogni tipo, compresi marchi famosissimi come Jack Daniels, Harley-Davidson, Tesla, Microsoft, Google, Meta, Zoom, e molte altre.

Perché?

Una ragione la abbiamo già vista parlando della parabola di Stonewall: ogni eccesso produce una reazione, la malattia può stimolare la formazione di anticorpi. Secondo le rilevazioni del Pew Research Center, nel 2023 ben il 52% dei dipendenti americani erano sottoposti all'agenda DEI sul posto di lavoro, e non è detto che tutti ne fossero entusiasti.

Una seconda ragione di questa singolare e relativamente improvvisa "caduta degli DEI" potrebbe essere la campagna per le elezioni presidenziali americane di novembre. Agenda DEI, infatti, significa in definitiva adesione alla visione del mondo woke, basata sulla colpevolizzazione dei bianchi, l'ossessione per il "razzismo sistemico", i diritti LGBT+, la difesa a oltranza del politicamente corretto. Non stupisce, quindi, che con l'approssimarsi dell'appuntamento elettorale la propaganda conservatrice abbia attaccato su più fronti l'agenda DEI, denunciando la natura divisiva dei suoi precetti e (nel caso di finanziamenti pubblici) l'uso improprio delle tasse pagate dai contribuenti. Una campagna che ha trovato spunti anche in alcuni passi falsi delle Olimpiadi di Parigi, come la cerimonia di apertura a base di drag queen o l'ammissione della pugile intersessuale Imane Khelif a gareggiare con le donne, una scelta che ha permesso a Trump di promettere: "Con me gli uomini non parteciperanno agli sport femminili."

Una terza ragione, perlopiù sottovalutata in Europa, è la rivolta di una parte del mondo femminile contro le rivendicazioni trans in materia di libera scelta del genere, o self-id. Il vice di Kamala Harris Tim Walz, ad esempio, è stato accusato di aver favorito – come governatore del Minnesota – le transizioni di sesso precoci, anche contro il parere dei genitori e a dispetto delle sempre più numerose evidenze scientifiche contrarie. La femminista Kara Dansky, dirigente del gruppo *Women's Declaration International*, impegnato nella difesa dei diritti femminili basati sul sesso biologico, ha chiesto a Kamala Harris di dichiarare "che il sesso è immutabile e che nessun uomo sarà mai una donna", facendo anche intendere che, se non lo facesse, e così lasciasse a Trump la difesa delle donne (e del buon senso), per molte elettrici progressiste sarebbe difficile votare per i Democratici.

La ragione più importante del riflusso delle politiche DEI, però, è probabilmente di natura economica: salvo i casi in cui si riducono a pure dichiarazioni di intenti o a modeste elemosine alla causa LGBT, le politiche DEI hanno costi significativi. Assumere uno staff di custodi del pensiero woke, finanziare iniziative di sensibilizzazione, monitorare i comportamenti dei dipendenti sul posto di lavoro sono tutte attività costose. E assumere in base alle quote, anziché in base al merito e alla produttività, può avere effetti negativi in termini di efficienza aziendale. Finché tutti questi extracosti sono bilanciati da vantaggi reputazionali in termini di consenso (e di acquisti!) da parte dei consumatori tutto ok. Ma non appena i costi compromettono i bilanci, o i vantaggi reputazionali si capovolgono in svantaggi in quanto una parte dei cittadini-consumatori non gradisce le politiche DEI, tutto può cambiare.

Perché, alla fine, è solo il mercato che conta veramente. Le campagne degli attivisti possono mettere in difficoltà un'organizzazione perché non fa abbastanza per una buona causa, ma anche perché – a un certo punto – quella causa non appare più così buona a tutti.

Macron e altri guai del genere

Chi la fa l'aspetti, verrebbe da dire. A forza di proclamare nuovi diritti, finisce che trovi uno che ne proclama più di te. E ti ritrovi a passare per reazionario-retrogrado-maschilista-nemico delle minoranze.

È quel che è successo a Emmanuel Macron alla vigilia delle ultime elezioni legislative, quando ha osato dire che la proposta del Fronte Popolare di sinistra di permettere il cambio di sesso/genere con una semplice visita agli uffici comunali era "grottesca" (*ubuesque*). Tanto gli è bastato per finire alla gogna, con l'infamante (per un liberale come lui) accusa di transfobia.

Qui in Italia la vicenda è passata sostanzialmente sotto silenzio. Ma è più seria di quel che sembra. Non perché la proposta del self-id (libera scelta del genere) sia sensata, ma perché in mezza Europa appare tale. E domani il tema potrebbe prendere piede anche da noi.

Non tutti lo sanno, ma il cosiddetto self-id è ormai

legge in diversi paesi del mondo, ricchi e poveri, europei e non europei. Recentemente lo hanno adottato i governi socialisti della Spagna (*Ley Trans*) e della Germania (*Selbstbestimmungsgesetz*). Poiché il numero di paesi che introducono il self-id è crescente, e sempre più spesso include paesi che siamo abituati a considerare avanzati, se ne potrebbe ricavare l'impressione di un ordinario processo di modernizzazione, democratizzazione e civilizzazione, come quelli che negli ultimi 80 anni hanno allargato i diritti delle donne.

Ma è un'impressione incompatibile con alcuni dati di fatto. Intanto, bisogna notare che il tema del self-id è strettamente legato a quello della transizione di genere più o meno medicalizzata (bloccanti della pubertà, ormoni cross-sex, operazione chirurgica). Introdurre per legge la possibilità di cambiare precocemente sesso/genere (in alcuni paesi anche più di una volta) aumenta le probabilità che il cambio anagrafico sia l'anticamera di ben più impegnativi percorsi di transizione. Quindi il giudizio sulla sensatezza del self-id dipende anche da quello sulla sicurezza e opportunità dei protocolli di "autoaffermazione di genere". E tale giudizio, dopo il recente rapporto Cass e vari studi di revisione della letteratura scientifica, tende a essere fortemente scettico verso tali protocolli, a partire dal cosiddetto "protocollo olandese": al punto da indurre il Regno Unito a una precipitosa marcia indietro, in controtendenza rispetto a Spagna e Germania.

Un altro elemento di cui bisogna tenere conto è che, dove non si ascoltano solo le associazioni LGBT+ ma si fanno sondaggi sull'orientamento della popolazione, spesso emerge che la maggioranza dei cittadini è contraria al self-id, in contrasto con l'orientamento favorevole delle élite politiche, economiche, culturali, mediatiche. È il caso, per fare un esempio recente, della Germania, dove il governo (di sinistra) ha varato una legge per il self-id a dispetto dell'orientamento dell'opinione pubblica. A giudicare dal tracollo dei partiti progressisti alle successive elezioni europee, non si direbbe che gli elettori ne siano stati entusiasti.

Ma l'elemento empirico fondamentale di cui tenere conto, quando si accusa Macron di transfobia, è che a schierarsi contro il self-id sono innanzitutto molte donne e le associazioni che le rappresentano. L'obiezione che sollevano è tanto semplice quanto devastante per il progetto politico del self-id: se qualsiasi maschio può proclamarsi femmina, e tale auto-proclamazione ha pieno valore legale, che ne sarà degli spazi e delle speciali garanzie riservate alle donne?

Questa obiezione non è teorica, ma parte dall'osservazione che, là dove il self-id è stato introdotto senza forti restrizioni, si sono moltiplicati i comportamenti opportunistici (e talora aggressivi) dei maschi transitati a femmine: persone di sesso maschile hanno avuto accesso agli spazi femminili nelle carceri, nei centri antiviolenza, nello sport, ma anche in politica (occupare quote rosa), nel welfare (benefici riservati alle donne), nelle politiche di assunzione (agevolazioni fiscali per le assunzioni di donne), e persino nel processo penale (evitare le aggravanti di pena previste per le aggressioni maschili).

E poi c'è la ciliegina finale. In Germania, dove cresce il timore di un conflitto armato con la Russia, si guarda con preoccupazione a quel che è accaduto in Svizzera, dove – grazie al self-id – un giovane maschio ha potuto evitare il servizio militare autoproclamandosi femmina. Se molti maschi tedeschi ne abusassero, la Germania potrebbe essere costretta a mettere restrizioni al self-id, o a introdurre la coscrizione obbligatoria per le donne.

Macron transfobico? Forse solo femminista.

Un'occasione che non dobbiamo perdere

Qui in Europa siamo appena agli inizi. Ma quello che, da alcuni anni, sta accadendo negli Stati Uniti (e in parte anche in Canada), dovrebbe attirare la nostra attenzione.

Di che cosa stiamo parlando?

Difficile riassumere tutto in un concetto, o in una parola. Potrei provarci dicendo che l'ideologia woke, versione estrema del politicamente corretto, si sta espandendo in tutti gli ambiti della società americana.

Ma preferisco affidarmi ad alcuni esempi.

Il linguaggio. Nelle maggiori istituzioni americane si sta diffondendo una sorta di puritanesimo linguistico, che – in nome del principio di non urtare la sensibilità di nessuno – sta imponendo una completa e grottesca sterilizzazione del linguaggio. Centinaia di espressioni, usate da sempre in modo neutro, sono accusate di essere offensive, irrispettose, stressanti, poco inclusive, quando non razziste, sessiste, omofobe, transfobiche eccetera.

Accade così che non si possano usare parole come cieco o come nano, persino in contesti del tutto innocenti come "l'evoluzione è cieca" o "nano-tecnologia", o "elefante-nano". Che non si possa, nell'industria dell'audio, usare parole "sessiste" come jack maschio e jack femmina. Che l'uso degli aggettivi bianco e nero, ad esempio quando si dice lasciare uno "spazio bianco" su un foglio, o pubblicare "un libro bianco", o recuperare la "scatola nera" di un aereo, o compilare una "lista nera" delle imprese mafiose, sia considerato una pratica linguistica razzista. Che l'espressione "signore e signori" sia stigmatizzata perché poco inclusiva. Che il termine "americano" (per dire statunitense) sia bandito perché "insinua che gli Stati Uniti siano il paese più importante delle Americhe". Che la parola "vecchio" sia considerata offensiva. Che non si possa dire masterchef perché "master" rimanda al padrone di schiavi. Che si debbano bandire termini come colonizzare, insediamenti, schiavistico, perché possono evocare il passato coloniale dell'uomo bianco. Che non si possano usare espressioni idiomatiche come *to kill two birds with one stone* (uccidere due uccelli con una pietra, il nostro "due piccioni con una fava") o *to beat a dead horse* (picchiare un cavallo morto) perché "normalizzano la violenza sugli animali". E gli esempi potrebbero continuare.

Gli scopi delle istituzioni culturali. È sempre più comune che un'università o un'istituzione culturale, che tradizionalmente perseguiva ideali di conoscenza, ricerca della verità, dialogo, obiettività, ridefinisca radicalmente i propri scopi, ponendo al primo posto la Social Justice, ovvero la lotta contro il razzismo, la discriminazione, il privilegio. E la cosa interessante è che questo snaturamento delle istituzioni culturali, che negli ultimi decenni ha reso sempre più politicizzata la letteratura, e sempre più partigiane le scienze sociali, da qualche anno sta varcando la soglia di discipline che eravamo abituati a considerare autonome e politicamente impenetrabili, come la fisica, la matematica, l'informatica, l'astronomia, la musica. Può capitare così che la matematica sia considerata "non obiettiva", la fisica espressione del suprematismo bianco, la musica occidentale intrinsecamente colonialista e razzista. E tutte, dunque, da riformare, emendare, censurare, purificare, secondo i principi della Social Justice Theory.

Il reclutamento e le carriere. Ma i cambiamenti più sconvolgenti riguardano le persone, ovvero i criteri che governano le ammissioni alle università e ai college, e poi le carriere nelle università e altrove. Ebbene, oggi negli Stati Uniti (e in Canada) è in corso una grande operazione di "pulizia etnico-ideologica" nei confronti di una serie di categorie non protette, più o meno sovrapposte fra loro: maschi, bianchi, eterosessuali, donne critiche con l'ideologia gender, più in generale persone non allineate con il pensiero dominante, largamente egemonizzato dalla ideologia woke.

Può accadere così che un'università discrimini i maschi (a meno che siano disabili o LGBT+). O che dichiari espressamente che una data posizione è riservata a persone che si auto-identificano come donne, o transgender, o non binarie, o "two-spirit" (termine usato per i nativi americani né maschi né femmine). O che richieda ai candidati di dimostrare, con una dichiarazione esplicita (o almeno attraverso il curriculum), il loro impegno sulla cosiddetta agenda DEI (Diversity, Equity, Inclusion).

Può accadere che i finanziamenti che una istituzione riceve dipendano non dal merito e dai risultati conseguiti, ma dal grado di "diversità" etnico-razzial-sessuale del suo staff.

Infine, può accadere e accade che i docenti che esprimono idee non conformi (ad esempio negando che in un dato ambito disciplinare vi sia discriminazione) siano sottoposti a indagini, sanzioni, richieste di pubbliche scuse, e non di rado al licenziamento.

Non voglio soffermarmi qui sulla (in)sensatezza di tutto ciò, ma sulle sue conseguenze pratiche. Che sono di due tipi.

La prima, e forse la più grave, è l'instaurazione di un clima intimidatorio nei confronti di non allineati e dissenzienti, con una proliferazione di comportamenti che eravamo abituati ad associare ai due grandi totalitarismi. Del totalitarismo fascista, l'America di oggi assimila il nicodemismo (o *chilling effect*: dissimulare il proprio pensiero), e l'opportunismo (dichiararsi nero, transessuale, o qualsiasi cosa alzi le chance di successo in una selezione). Del totalitarismo comunista riprende la pratica dei processi alle idee, delle richieste di scuse, delle confessioni pubbliche, delle abiure. Può così succedere che, per alzare le probabilità di essere ammesso all'università o a un dottorato, uno studente maschio bianco si dichiari gay o transgender, o alleghi un testo che illustra la sua adesione ai principi della Social Justice Theory, o scriva un curriculum che ne comprova l'impegno anti-razzista. Come può succedere che un professore, per non perdere il posto, sia costretto a rinnegare le proprie idee e i propri risultati di ricerca.

Ma c'è anche un'altra classe di conseguenze. L'espansione dell'ideologia woke nelle università, nelle istituzioni culturali, nei media, nelle aziende, nella misura in cui promuove un drammatico impoverimento della lingua e una severa censura in ogni campo dell'arte, rischia di avere effetti molto seri sulla creatività, e quindi sulla qualità delle opere letterarie, e più in generale della produzione artistica. D'altro canto, il progressivo abbandono, da parte delle maggiori istituzioni scientifiche e culturali, degli ideali di verità, obiettività e indipendenza, a favore di finalità estrinseche, come la giustizia sociale e la lotta al "razzismo sistemico", non potrà non avere ripercussioni negative sulla produttività di tali istituzioni, vieppiù riprogrammate a selezionare il personale non in base al merito, ma sulla base dell'appartenenza a minoranze protette.

Tutto questo potrebbe anche lasciarci indifferenti, ed essere catalogato come uno dei tanti processi – culturali, politici, militari, ambientali – che governano la degradazione della vita sulla terra, se tendenze simili fossero riscontrabili in tutto il mondo, o nei principali paesi del mondo, o almeno nei paesi avanzati. Ma le cose non sembrano stare così. Né i giapponesi, né i cinesi, né gli indiani sembrano aver abbracciato la deriva woke degli Stati Uniti. Quanto all'Europa, è facile riscontrarvi i semi dei medesimi processi, ma in una misura e con un ritmo ben lontani da quelli americani.

Questo potrebbe significare due cose. La prima è che la cecità e il fanatismo del movimento woke negli Stati Uniti potrebbero accelerare il declino di quel paese, abbreviando i tempi del sorpasso da parte della Cina. La seconda è che l'Europa, fortunatamente, ha ancora qualche margine di scelta.

Può seguire le orme dell'alleato americano, accettando di perdere terreno rispetto ai paesi asiatici. Ma può anche decidere di non seguire più quelle orme, e di trasformare il proprio ritardo in un'opportunità, ovvero in un vantaggio competitivo verso gli Stati Uniti: il Vecchio continente potrebbe ergersi, nel mondo occidentale, come il luogo della libertà di espressione, delle pari opportunità, della promozione del merito individuale, al di là di ogni steccato di genere, razza, ceto, religione, nazionalità.

Inutile dire quale sarebbe la scelta più lungimirante.

II. GENESI E CONTRADDIZIONI DEL FOLLEMENTE CORRETTO

1. Deriva orwelliana?

Resta in sospeso la domanda: che cos'è, esattamente, il follemente corretto? Che cosa, sul piano logico o dei contenuti, lo distingue dal politicamente corretto classico?

Questo interrogativo mi ha accompagnato a lungo. Qualche definizione l'ho anche tentata. Ma alla fine mi sono arreso. Il follemente corretto, ahimè, è come il tempo per Sant'Agostino, che nelle *Confessioni* dice:

> Che cosa è dunque il tempo? Se nessuno me ne chiede, lo so bene: ma se volessi darne spiegazione a chi me ne chiede, non lo so.

È questo il motivo per cui questo libro inizia con una sorta di campionario, una raccolta di episodi che mostrano il follemente corretto in azione, senza mai definirlo.

Ora però dobbiamo andare oltre. Fare un passo avanti. Provare a individuare il nucleo del follemente corretto.

Una possibile risposta è che, fondamentalmente, il follemente corretto è una forma estrema di costrizione linguistica: a tanti di noi verrebbe naturale parlare in un determinato modo, ma c'è chi esige che lo facciamo in un modo differente.

Questa associazione fra il follemente corretto e la pretesa di governare il linguaggio non è priva di buone ragioni. In effetti, per diversi aspetti il progetto del follemente corretto è lo stesso che Orwell immaginava realizzato nella società, distopica e totalitaria, del suo celebre romanzo *1984*.

Nell'appendice *I principi della Neolingua*, Orwell descrive minuziosamente le finalità, la diffusione e i principi costitutivi della lingua di Oceania, il più agguerrito dei tre imperi che si spartiscono il mondo, grossomodo coincidente con l'intero continente americano più l'Australia e il Sudafrica.

> La Neolingua era la lingua ufficiale in Oceania ed era stata inventata per venire incontro alle necessità ideologiche del Socing, o Socialismo Inglese. (...)
> Fine della Neolingua non era soltanto quello di fornire un mezzo di espressione per la concezione del mondo e per le abitudini mentali dei seguaci del Socing, ma soprattutto quello di rendere impossibile ogni altra forma di pensiero.

E ancora:

> Era sottinteso come, una volta che la Neolingua fosse stata definitivamente adottata, e l'Archelingua, per contro, dimenticata, un pensiero eretico (e cioè un pensiero in contrasto con i principi del Socing) sarebbe stato letteralmente impensabile, per quanto almeno il pensiero dipende dalle parole con cui è suscettibile di essere espresso.

Nel "socialismo inglese", profetica figurazione dell'attuale cultura woke, la diffusione universale della Neolingua e la scomparsa dell'Archelingua hanno lasciato spazio a un solo pensiero possibile.

La cosa sconcertante è che l'idea di alterare il pensiero modificando il linguaggio, che Orwell vedeva come una minaccia mortale alla nostra libertà, viene oggi vista come una risorsa per ampliare i diritti individuali e promuovere la giustizia sociale. L'adozione di un linguaggio politicamente corretto sarebbe capace di indurci – se non di costringerci – a pensare e agire nel modo "giusto". Con le parole di Vera Gheno, linguista paladina dello schwa e del linguaggio inclusivo:

> Usare parole più "giuste" può aiutare a modificare il modo in cui "vediamo" le cose.

I moderni riformatori della lingua fanno propria, a quanto pare, la cosiddetta "ipotesi di Sapir-Whorf", i due linguisti che, nei primi decenni del Novecento, teorizzarono la stretta dipendenza del pensiero dal linguaggio. La speranza, non poi tanto segreta, è che, a forza di farci usare le parole giuste, impariamo anche a vedere il mondo in modo diverso, con conseguente eliminazione di ogni ingiustizia, diseguaglianza e discriminazione. L'esatto contrario di quel che pensava Marx, per cui era il cambiamento della base economica che avrebbe determinato il cambiamento del pensiero, e non viceversa.

2. I cinque anni che cambiarono il mondo

L'equazione fra il follemente corretto e la Neolingua di Orwell coglie alcuni aspetti importanti del follemente corretto, come la vocazione totalitaria e la concentrazione ossessiva sul governo della lingua. Ma non ci dice nulla sulla sua genesi, né sui suoi tratti distintivi rispetto al follemente corretto classico.

Per provare a rispondere a questo tipo di domande, è utile partire da un'osservazione riguardo agli episodi che abbiamo raccontato nella prima parte. Quegli episodi, pur diversissimi uno dall'altro, hanno una circostanza in comune: il periodo in cui sono accaduti.

È difficile fissare una data di esordio precisa, ma si può tranquillamente dire che nessuna delle follie che raccontiamo esisteva nel secolo scorso, e quasi tutte hanno preso piede negli ultimi 10-15 anni. Insomma, se il politicamente corretto, nato negli anni settanta del Novecento, è un maturo signore di mezz'età, il follemente corretto è un acerbo adolescente, nato e cresciuto negli anni dieci del nuovo secolo.

Che cosa l'ha fatto nascere?

Fino a qualche tempo fa sono stato propenso a pensare che la scintilla iniziale potesse essere venuta dalla aggressiva campagna di stampa contro il "razzismo sistemico" scatenata dal *New York Times* e dal *Washington Post* nel 2013. Una campagna faziosa e profondamente antiscientifica, ma che, secondo diversi analisti, aveva determinato forti spostamenti nelle percezioni dell'opinione pubblica americana, alimentando – soprattutto fra i bianchi progressisti – sentimenti di vergogna e di colpa. Da lì la febbre del follemente corretto si sarebbe propagata al resto dell'occidente, anche sospinta da episodi variamente divisivi come l'ascesa di Trump (2015-2016), lo scandalo Weinstein e il MeToo (2017), l'uccisione di George Floyd (2020) e l'esplosione del movimento Black Lives Matter.

Oggi questa lettura mi sembra perlomeno riduttiva. Il follemente corretto è troppo ubiquo, persistente e capillare per essere riconducibile a un unico impulso iniziale, remoto nello spazio e nel tempo. Inoltre, vi sono indizi empirici importanti che segnalano che la sensibilità alle istanze dell'inclusione, almeno negli Stati Uniti, fosse in movimento già 2-3 anni prima della campagna di stampa del 2013.

Insomma: alla base dell'esplosione del FC deve esserci qualcosa di più e di antecedente.

Ma che cosa?

Facciamo un esperimento mentale, anzi un viaggio nel tempo. Andiamo a ritroso di una ventina di anni, e chiediamoci: in quelle circostanze, il follemente corretto sarebbe stato possibile?

Io penso di no. Certo, singole manifestazioni del FC avremmo potuto vederle già allora, ma non le avremmo prese sul serio. In un certo senso, il follemente corretto potrebbe essere definito – semplicemente – come il tipo di politicamente corretto che, anche solo 15 o 20 anni fa, avremmo considerato eccentrico, ridicolo o demenziale.

Vent'anni fa, le imprese e le istituzioni non sarebbero vissute nel terrore di possibili campagne di denigrazione o boicottaggio. Solo in rari casi eventi nati e cresciuti su Internet si sarebbero propagati in tutta la rete e avrebbero attirato l'attenzione della carta stampata e delle TV. In breve, la circolazione di messaggi, testi, immagini, video, pur possibile grazie a Internet, sarebbe avvenuta su una scala incomparabilmente più ridotta. Perché le persone attive su Internet erano molte di meno, e la capacità di trasmissione della rete era enormemente inferiore. È una questione di ampiezza, o di scala: il follemente corretto è impensabile senza l'infrastruttura informatico-comunicativa che ne assicura la circolazione. Venti anni fa, tale infrastruttura non esisteva. Dunque, quel qualcosa che lo ha reso possibile è precisamente la nascita di quella infrastruttura.

Ma quando è successo? Quando è avvenuto il salto di scala?

Se ripercorriamo l'ultimo ventennio, è facile rendersi conto che nessuno dei mattoncini fondamentali di questo Lego ultra-tecnologico esisteva all'inizio del 2005, ma già 5 anni dopo – nel 2010 – erano tutti pronti e funzionanti.

Il 14 febbraio 2005 nasceva YouTube, una piattaforma che consente la visualizzazione e condivisione (gratuite) di contenuti multimediali. L'anno dopo, nel 2006, Facebook – la creatura di Zuckerberg – compie il grande salto che lo fa uscire dal mondo studentesco statunitense, diventando disponibile per qualsiasi utente. Nello stesso anno nasce Twitter, che nel giro di pochissimo tempo conquisterà milioni di adepti, anche perché complementare piuttosto che concorrente di Facebook.

All'inizio del 2007 Steve Jobs (fondatore di Apple) presenta l'iPhone, uno smartphone che semplifica drasticamente la navigazione su Internet e l'interazione con il dispositivo.

Nel 2009 nasce WhatsApp, che consente (prima a un costo irrisorio, poi gratis) di effettuare telefonate e scambiare messaggi testuali, video, audio, documenti, geo-localizzazione.

L'anno decisivo, però, è il 2010. Il 7 giugno Steve Jobs presenta l'iPhone 4, un modello di smartphone rivoluzionario, che consente agevolmente di effettuare chiamate video, gestire la posta, modificare immagini, e inoltre possiede due fotocamere, di cui una frontale (che permette i selfie e di filmare se stessi). Il 6 ottobre nasce Instagram, una piattaforma social che permette di scattare foto, applicare filtri ed effettuare una serie incredibile di operazioni di manipolazione e scambio (un paio di anni dopo sarà anch'essa acquisita da Zuckerberg).

Così, il gioco è fatto. In soli 5 anni, dal 2005 al 2010, il Lego delle telecomunicazioni ha acquisito tutti i suoi mattoncini fondamentali: YouTube, Facebook, Twitter, WhatsApp, Instagram, nonché le varie versioni, ogni volta più sofisticate, dello smartphone. E quei mattoncini riveleranno, nel tempo, una straordinaria resilienza: nel 2024, un ventennio dopo la nascita di YouTube, non solo sono ancora tra noi, ma continuano a occupare le primissime posizioni nella graduatoria mondiale dei mezzi di comunicazione che operano su Internet.

3. Il medium è il messaggio

Ok, senza la rivoluzione del quinquennio 2005-2010 le cose sarebbero andate in modo diverso, o quantomeno molto più lento. È grazie alle nuove piattaforme e all'esplosione dei social media che le idee del follemente corretto hanno avuto i mezzi per circolare, propagarsi, amplificarsi. La scala è cruciale.

Ma un conto è il canale, un conto è il messaggio. L'iPhone e i social hanno fornito il canale, ma chi ha fornito il messaggio?

La risposta è che nessuno in particolare ha fornito il messaggio, perché nella cultura occidentale – allo stato latente, e in forma embrionale – il messaggio circolava già da decenni, ossia da quando, nella seconda metà degli anni settanta, aveva preso forma il politicamente corretto. In origine e apparentemente solo un innocente galateo linguistico, lascito dei movimenti studenteschi e delle lotte degli anni sessanta contro la discriminazione razziale negli Stati Uniti.

In realtà, primo acerbo frutto di decenni di ripiegamento della cultura occidentale, impegnata in un lavoro di demonizzazione del passato coloniale (il "singhiozzo dell'uomo bianco") e di preparazione di quella che, a seconda dei punti di vista, verrà denominata età dei diritti (Bobbio), cultura del piagnisteo (Stuart Hughes), disfatta del pensiero (Finkielkraut), coltivazione della vulnerabilità (Furedi).

Quel che è accaduto, in realtà, è semplicemente ciò che Marshall McLuhan – il più autorevole studioso di media del Novecento, che con il concetto di villaggio globale aveva intuito la nascita di Internet – aveva condensato nella sua celebre formula "il medium è il messaggio". Ossia: ogni mezzo di comunicazione, indipendentemente e al di là dei contenuti che veicola, favorisce specifici modi di pensare e di sentire.

Il caso dei nuovi media e del follemente corretto non fa eccezione: il follemente corretto è il risultato logico, prevedibile e difficilissimamente evitabile, dei modi di funzionamento dei nuovi media in un mondo che, dopo decenni di circolazione del suo antenato, il politicamente corretto, già contiene in sé i semi di quel che verrà. Quei semi, infatti, sono per loro natura predisposti ad auto-amplificarsi in rete, come un materiale altamente infiammabile che trova il bosco in cui diventare incendio. Dove il materiale infiammabile è il politicamente corretto, il bosco è la rete potenziata dalla rivoluzione tecnologica, e l'incendio è il follemente corretto che ne risulterà.

Ma qual è la chimica che fa propagare il politicamente corretto, e poi lo fa evolvere (o involvere?) in follemente corretto?

Per capirlo dobbiamo mettere a fuoco il meccanismo fondamentale che distingue i nuovi media (post-2010) da tutti i loro predecessori: la propagazione del *potenziale intimidatorio*.

Nel mondo di oggi chiunque compia un atto di comunicazione è soggetto al rischio che qualcuno registri le sue parole, le commenti, e dia inizio a una catena di offese, calunnie, diffamazioni, minacce, il cui potenziale di espansione – grazie alla rete e ai social – è sostanzialmente illimitato. E tale catena, a sua volta, può innescare atti di esclusione, cancellazione, boicottaggio, fino alla violenza fisica.

Naturalmente meccanismi di questo tipo sono sempre esistiti. Oggi si parla di "gogna mediatica", ma è il caso di ricordare che il termine gogna indica il collare di ferro che, ancora nell'Ottocento, veniva stretto alla gola di chi era condannato a essere esposto alla "berlina", il palco su cui i reprobi dovevano salire per essere sottoposti al "ludibrio delle genti", con tanto di cartello che indicava il delitto commesso. È quel che capita ne *La lettera scarlatta*, capolavoro di Nathaniel Hawthorne, che racconta la tragica vicenda di Hester Prynne, la bella adultera condannata a portare sempre, ricamata sul petto, una grande "A" rossa

(A come adultera) che ricorda la sua colpa e la espone al pubblico disprezzo. Ed è, di nuovo, quel che capita ne *La storia della colonna infame*, in cui Alessandro Manzoni rievoca la vicenda di due cittadini innocenti, presunti untori, che durante la peste di Milano del 1630 vennero ingiustamente accusati, perseguitati, e infine giustiziati con il supplizio della ruota.

Ma ci sono tre differenze fondamentali, rispetto ai meccanismi del passato. La prima è che, da quando il politicamente corretto ha preso piede, si può finire sotto accusa non per quel che si fa o si pensa, ma per il linguaggio che si usa. Il politicamente corretto non è un semplice galateo, perché la sua pretesa è di dedurre il nostro essere dal nostro parlare. Non era mai successo, nella storia dell'umanità, che una minoranza pretendesse di alterare il linguaggio della maggioranza, e di emettere valutazioni etiche in base alla altrui più o meno completa adesione alla neolingua.

La seconda differenza è che, dopo la rivoluzione tecnologica del 2005-2010, chiunque può dare inizio al processo mediatico.

La terza, cruciale, differenza è che i giudici sono gli utenti della rete, depositari del potere di distruggere la reputazione di chicchessia, sia esso un singolo individuo, un gruppo, un partito, un'istituzione, un'azienda. L'unica cosa che conta è la massa critica: per emettere la sentenza ed eseguire la pena basta che il numero di detrattori sia sufficientemente alto da attirare l'attenzione dei media tradizionali (quotidiani e TV) e innescare la catena di conseguenze – dallo sputtanamento al boicottaggio – che la sentenza trascina con sé.

Nel mondo di ieri – almeno dal XIX secolo, con la completa cessazione della caccia alle streghe – i meccanismi della diffamazione e della denigrazione avevano limiti intrinseci. Un pettegolezzo, o una accusa più o meno arbitraria potevano circolare spontaneamente, ma solo in ambiti ristretti. Per farli uscire dai piccoli circuiti, e renderli davvero dannosi, occorreva che fossero abbastanza motivati o rilevanti da suscitare l'attenzione dei grandi media, o da attivare l'azione della magistratura.

In breve: c'erano dei filtri. Filtri estremamente selettivi. Oggi non più. Oggi qualsiasi accusa può diventare virale, e distruggere la reputazione di una persona o di un marchio. È come se ci fosse qualcuno sopra di noi, una presenza indistinta, senza un nome e un aspetto specifici, ma costante e onnipotente, quasi un dio giudicante, severo e punitivo.

Da qui deriva uno stato generale di allerta, di circospezione, di perenne tensione. Tutti sappiamo che qualsiasi cosa diciamo potrà essere usata contro di noi, anche solo per il modo in cui la diciamo. Sappiamo che la rete allargherà sempre di più il perimetro dello scorretto e indicibile.

Al tempo stesso sappiamo che, volendo e sapendolo fare, possiamo rovinare la reputazione di chiunque sfruttando le potenzialità della rete. Non occorre essere investiti di qualche autorità per giudicare e punire, ci basta saper cogliere i punti deboli altrui, e far circolare la nostra indignazione in rete. Il fatto è che ciascuno di noi sente di poter diventare il capro espiatorio delle folle rabbiose che popolano la rete, ma al tempo stesso sa di poter diventare egli stesso una delle voci urlanti di quelle folle.

Siamo tutti intimidibili, ma nello stesso tempo disponiamo tutti del nostro personale potenziale intimidatorio. Siamo noi stessi quel dio onnipresente e giudicante da cui ci sentiamo giudicati e punibili.

Si apre così, per tutti noi, una doppia possibilità, un doppio ruolo: essere vittima noi stessi, o essere chi si indigna per le vittime e accusa. In entrambi i casi in guerra con il medesimo nemico: colui che offende, opprime, discrimina.

L'essere offesi è il centro. Ci si può offendere in prima persona, perché colpiti direttamente. Oppure ci si può offendere indirettamente, cioè indignarsi per gli offesi (reali o potenziali) che ci stanno a cuore, e combattere al loro fianco, a volte addirittura prima e a prescindere da loro. In una sorta di iper-lancillottismo, che ovunque scorge Ginevre da salvare.

È il paradiso degli attivisti, che spuntano come funghi, e possono – senza alcuna delega o legittimazione alle spalle – far decollare campagne di ogni tipo, contro qualsiasi bersaglio o a favore di qualsiasi causa.

In questo Far West, in cui tutti siamo possibili bersagli altrui ma tutti abbiamo una colt nella fondina, il follemente corretto assume una duplice veste. Da un lato, è il risultato di un'aggressiva campagna di opinione con cui innumerevoli gruppi di pressione e lobby tentano di imporre un linguaggio, una visione del mondo, degli stili di comportamento ritenuti etici e quindi incontestabili. Dall'altro, è anche il mezzo con il quale chi teme di finire nella bufera prova a proteggersi adottando quel linguaggio.

Voglio dire che c'è un follemente corretto offensivo, di chi ci crede e se ne fa paladino, ma esiste anche un follemente corretto difensivo, dove chi si ingegna a parlare e pensare in modo corretto non è affatto detto ne sia veramente convinto, e potrebbe aver aderito al mainstream semplicemente per quieto vivere, o per calcolato opportunismo.

In questo caso l'adozione di un linguaggio povero, formale, asettico, artificioso, e soprattutto privo di ogni colore ed espressività svolge anche l'importante funzione di tutelare chi lo adotta dal rischio di finire in una bufera digitale (*shitstorm*), che può comprometterne la reputazione, ma anche – specie se è un'impresa – gli interessi economico-materiali.

Non si spiega altrimenti la remissività di tante istituzioni e imprese di fronte ai diktat degli attivisti in materia di parità di genere, inclusività, linguaggio corretto. O la prontezza – talora l'entusiasmo – con cui i grandi media, le case editrici, le società cinematografiche, le università, l'industria culturale in genere hanno accolto le più assurde richieste di censura, riscrittura, contestualizzazione delle opere più significative della tradizione occidentale.

Il fatto è che, in tempi di follemente corretto, la dissimulazione delle proprie idee e dei propri sentimenti, spesso necessaria per sfuggire a riprovazione ed emarginazione, dispone di due risorse distinte. La prima è il nicodemismo, ovvero la pura e semplice autocensura: si pensa una cosa, ma non la si dice, o se ne dice una che non si pensa. La seconda è l'adozione tout court del linguaggio politicamente corretto: si parla come si deve, per segnalare il nostro stare dalla parte giusta, e immunizzarci alle critiche.

4. La mente modificata

Qualcuno potrebbe pensare, in base alla nostra ricostruzione, che la proliferazione del follemente corretto sia stata, essenzialmente, la conseguenza dell'improvviso, illimitato e (quasi) universale accesso alla rete, in un mondo in cui i semi del politicamente corretto erano da tempo presenti. Quasi che, con l'apertura dei social, Zuckerberg e compagni avessero scoperchiato un immane vaso di Pandora, da cui tutti i guai sarebbero repentinamente fuorusciti.

Ma non è andata esattamente così. O meglio non è andata *solo* così. Perché è vero che noi abbiamo ampiamente usato (e subìto) il dono improvviso del potere intimidatorio. È vero che nella rete ci è piaciuto sguazzare in lungo e in largo. Non possiamo però nascondere l'altra faccia della esplosione della rete: social media, videogiochi, pornografia non ci hanno lasciati indenni. Il nostro software mentale, specie per la generazione Z – la prima che non ha avuto esperienza del mondo senza Internet – è stato profondamente alterato.

In che direzione?

Fino a qualche anno fa l'attenzione degli studiosi era concentrata sui danni cognitivi: perdita di memoria, di capacità di concentrazione, di organizzazione mentale. Pamphlet come quello di Nicholas Carr (*Google ci rende stupidi?*, 2008), o studi come quello di Manfred Spitzer (*Demenza digitale*, 2012), avevano già ampiamente illustrato i rischi per le nostre prestazioni intellettuali. Ma i loro allarmi erano rimasti inascoltati, sommersi dall'entusiasmo per le potenzialità della rete. Per scuotere genitori, educatori, politici, il declino delle prestazioni intellettuali era troppo poco. Occorreva qualcosa di più forte, e meno controvertibile.

Questo "qualcosa" sarebbe arrivato una decina di anni dopo, quando – grazie soprattutto agli psicologi sociali americani – l'attenzione si è spostata sugli effetti che l'iperattività in rete può esercitare sulla salute mentale in generale, e su quella delle giovani generazioni in particolare. Nel giro di pochi anni, grazie ad alcune scoperte fondamentali di Jean Twenge e Jonathan Haidt, ci si è resi conto che la proliferazione delle interazioni in rete non si limitava a compromettere le capacità cognitive (cosa non nuova, e che non ha mai turbato né le classi dirigenti né i genitori), ma metteva a rischio il benessere mentale e l'equilibrio psichico, a partire da quello delle ultime generazioni. In breve, quella che si andava formando era una realtà psichica nuova. E inquietante.

Il cittadino degli anni venti del XXI secolo, specie se appartiene alle ultime generazioni, differisce dai suoi predecessori per una serie di tratti psicologici che lo predispongono, al tempo stesso, a recepire il follemente corretto, e a farsene promotore.

Il più importante, probabilmente, è l'*insicurezza* che scaturisce dal confronto, continuo e competitivo, con i membri delle comunità di cui si fa parte. La possibilità, grazie alle versioni più evolute dello smartphone, di far circolare con estrema facilità ogni sorta di testi, immagini e video ha sensibilmente alterato i processi di costruzione del sé, soprattutto per i giovani, e in modo speciale per le ragazze. Pornografia e sexting hanno radicalmente trasformato le modalità di avvicinamento al sesso, e drammaticamente amplificato i vissuti di inadeguatezza delle ragazze e dei ragazzi meno dotati delle caratteristiche – innanzitutto fisiche ed estetiche – più socialmente apprezzate. Di questi processi, e della loro stupefacente perfetta sincronia con la diffusione dell'iPhone, esistono innumerevoli tracce nelle serie storiche che, nei paesi occidentali, documentano l'esplosione di ansia, depressione, vissuti di solitudine, disturbi alimentari, atti di autolesionismo, suicidi e tentati suicidi (una impressionante rassegna nel volume *La generazione ansiosa* di Jonathan Haidt). È appena il caso di aggiungere che l'insicurezza alimenta l'aggressività, e che le campagne degli attivisti LGBT+ per instillare dubbi sulla propria identità di genere, specie se rivolte ad adolescenti già di per sé insicuri, trovano in essi un terreno fertile e non fanno che amplificare l'insicurezza.

Un altro tratto di grande rilevanza è il *vittimismo*. Questo, in realtà, è un tratto generale del nostro tempo. La nostra, infatti, è l'età dei diritti (come ebbe a definirla Bobbio), e il vittimismo è la più tipica controparte psicologica della cultura dei diritti. La novità dei nuovi media è che essi forniscono alle innumerevoli associazioni e gruppi che proclamano nuovi diritti e denunciano ogni sorta di discriminazione un formidabile strumento di propaganda, che alimenta i più svariati (e talora strampalati) vissuti vittimistici. Il vittimismo, ovviamente, ci sarebbe anche senza i social, ma – in loro assenza – difficilmente il numero di condizioni che pretendono una tutela avrebbe assunto le dimensioni che ha assunto. Quel che è specifico del nostro tempo è l'escalation che il paradigma vittimario è in grado di innescare, spostando sempre più in là il confine fra i normali incidenti della vita e i traumi di cui si sarebbe le vittime indifese. Lo intuì ed ebbe a spiegarlo benissimo, già una ventina di anni fa, il sociologo ungherese Frank Furedi, descrivendo i primi segni dell'irruzione del linguaggio della psicologia e della psicoterapia nella vita quotidiana.

> Viviamo in una cultura che prende molto sul serio le emozioni. Talmente sul serio che quasi ogni difficoltà o avversità viene vista come una minaccia diretta al benessere emotivo. Le delusioni quotidiane – un rifiuto, un fallimento, il sentirsi ignorati – vengono viste come una minaccia all'autostima. (...)
>
> Ma fino a poco tempo fa la mancanza di autostima non veniva percepita come un problema; inoltre la parola stessa non aveva connotazioni terapeutiche (...).

Questa psicologizzazione (e medicalizzazione) della vita quotidiana si attua attraverso la penetrazione capillare del linguaggio della psicologia in tutti gli ambiti.

> La tendenza a reinterpretare in termini emotivi non solo le situazioni di difficoltà ma anche le normali esperienze è evidenziata dalla straordinaria diffusione delle definizioni psicologiche e dei termini terapeutici. (...)
>
> Basta che un bambino sia un po' vivace o turbolento perché venga etichettato come affetto da un "disturbo da deficit di attenzione con iperattività". (...)
>
> Fino agli anni ottanta non si era mai sentito parlare di sindrome da ansia generalizzata (essere preoccupati), sindrome da ansia sociale (essere timidi), fobia sociale (essere molto timidi), o ansia fluttuante (non sapere cosa ci preoccupa).

La cosa interessante, in questa vicenda, è il ruolo cruciale delle parole. Per esistere, e diventare problema sociale, le cose hanno bisogno di parole per essere dette. Ma è anche vero l'inverso: l'invenzione continua di parole per descrivere situazioni banali o normalissime ha la capacità di fare esistere problemi e vissuti che altrimenti non esisterebbero, o sarebbero affrontati in relativa scioltezza, come sempre si è fatto con le asperità della vita.

È questo il salto che Internet e la diffusione dei social hanno permesso, con la proliferazione di termini sempre più capaci di trasformare situazioni ordinarie e tradizionalmente aproblematiche in drammi esistenziali, vissuti vittimari, richieste di protezione e risarcimento.

Qualche esempio? Pensiamo alla parola micro-aggressione, che nei campus americani ricopre qualsiasi disagio soggettivo, compreso ascoltare opinioni che non si condividono. O a parole come *catcalling* (un complimento per strada), *body shaming* (commenti negativi sull'aspetto fisico), *male gaze* (fissare una bella ragazza). Ma anche appropriazione culturale (una traduttrice bianca che osa tradurre le poesie di una poetessa nera), *misgendering* (sbagliare il genere), grassofobia (prendere in giro chi è sovrappeso), abilismo (considerare negativi gli handicap), specismo (trattare le persone meglio degli animali). Eccetera.

Ed è qui che scatta l'escalation: ogni nuovo termine che viene coniato – e la rete ne conia a getto continuo – ha l'opportunità di codificare una nuova possibile occorrenza di comportamento politicamente scorretto, che da lì in poi, avendo un nome (quasi sempre inglese), sarà implacabilmente identificabile e agevolmente additabile all'esecrazione generale. In una spirale senza fine, in cui non c'è limite alle situazioni etichettabili e demonizzabili.

Ma tutto questo non funzionerebbe a pieno regime se, la nostra, non fosse diventata anche *l'era della suscettibilità*, per usare una felice espressione di Guia Soncini. La suscettibilità, quando è diffusa e a largo spettro, è fondamentale perché crea un clima di intimidazione, inibizione e autocensura preventiva (il cosiddetto *chilling effect*, o autozittimento) che non contagia solo i singoli, ma anche le istituzioni, le imprese, le grandi organizzazioni, come abbiamo visto a proposito della Walt Disney, delle opere classiche riscritte, dei sensitivity readers che scandagliano i testi alla ricerca di parole innocenti ma bandite nella neolingua follemente corretta.

E c'è di più. La suscettibilità non è solo una patologica propensione a offendersi, è anche una compulsiva (e talora scomposta) propensione a giudicare il comportamento altrui, spesso assunto come metro di paragone per affermare la propria identità, il proprio impegno, la propria superiore correttezza e moralità, il proprio prestigio nel più o meno ampio circuito dei propri contatti.

In un mondo nel quale i terreni di auto-affermazione nella realtà offline sono in sistematica contrazione, la costruzione dell'identità passa sempre più dalla ostentazione di eticità on line: una sorta di bullismo etico, che affianca e surclassa il più antiquato bullismo di strada. Permalosi e infiammabili, pronti a offenderci alla minima lesione della nostra integrità e autostima, siamo altrettanto pronti a indignarci alla minima deviazione altrui dal (presunto) comportamento corretto, e a usare l'indignazione come risorsa simbolica, che ci aiuta a definirci di fronte agli altri.

5. Riso amaro

Vittime della suscettibilità sono ovviamente tutte le manifestazioni dell'arte, dalla letteratura al teatro, dalla musica alla pittura. L'ipersensibilità del pubblico – reale o ipotetica – restringe in modo drammatico non tanto il perimetro delle cose che si possono significare, quanto i modi di significarle, lo stile con cui le si dice, le forme di espressione che conferiscono a un dato prodotto artistico il suo timbro peculiare e unico. I prodotti artistici "corretti" tendono per ciò stesso all'insipido. Forse è questa la ragione per cui, avendo rinunciato ad attingere pienamente alle risorse della lingua, tanta parte della produzione artistica (in particolare letteraria) non punta più le sue carte sulla forza e la ricchezza della scrittura, o sulla universalità delle storie che racconta, bensì sui meri contenuti, che hanno da essere attuali, coinvolgenti, edificanti, politicamente ultra-corretti. Una deriva che Walter Siti, scrittore e critico letterario, ha lucidamente denunciato nel suo pamphlet *Contro l'impegno*.

Ma l'arte non è la vittima suprema della suscettibilità. C'è una vittima che, ancora più dell'arte, è colpita al cuore dal dilagare della suscettibilità: il mondo della satira, della comicità, dell'umorismo, dell'ironia. Tutti registri che, essendo basati sulla più o meno garbata, più o meno spietata, più o meno sottile messa in evidenza delle debolezze e fragilità umane, non possono esistere senza risultare potenzialmente offensivi per qualcuno: il follemente corretto, più che combatterli, li rende logicamente impossibili.

Il riso, quando a suscitarlo sono i grandi comici, è per sua natura atto impietoso e leggero, in cui si sospende ogni seriosità, ogni corrucciata visione del mondo, ogni fanatismo e idealismo; ma anche, per fortuna e grazie alla valenza simbolica di cui è impregnata ogni forma artistica, viene annullata ogni cattiveria e malevolenza, ogni volontà di sopraffazione, ogni forma di odio e disprezzo degli altri.

Il riso è uno spazio, una parentesi, una pausa dalla vita reale, che si offre ad altri e si regala a se stessi a dispetto di ogni sciagura e di ogni male del mondo.

Il follemente corretto è il suo esatto contrario, perché quella parentesi è incapace di aprirla. Una incapacità che ha basi psicologiche, perché viviamo in un'epoca di insicurezza e aggressività, di vittimismo e suscettibilità estrema. Ma ha anche basi cognitive. Una delle precondizioni logiche del follemente corretto è che i parlanti abbiano smarrito la capacità, fino a ieri posseduta dalla maggioranza degli esseri umani, di situare le parole nel loro contesto, di distinguere tra significato letterale e significato metaforico, di coglierne le sfumature, le polisemie, in definitiva la meravigliosa flessibilità e creatività del linguaggio naturale. E al tempo stesso che i medesimi parlanti abbiano sviluppato la tendenza a reagire alle parole altrui in modo pavloviano, sulla base di pure associazioni meccaniche, che prescindono sia dalle intenzioni di chi ha pronunciato quelle parole, sia dalle convenzioni generalmente accettate di una lingua.

Pensare che parlare di jack femmina abbia a che fare con il sessismo, parlare di scatola nera evochi il razzismo, parlare di nano-tecnologie sia poco rispettoso dei nani, dire "signore e signori" possa far sentire escluso qualcuno significa avere una concezione ultrariduttiva delle competenze dei parlanti. Una concezione che alla lunga, a forza di assistere rassegnati all'ascesa del follemente corretto, finisce per diventare una profezia che si autoavvera.

Certo, ci resta la facoltà di ridere del follemente corretto, ma è un ridere amaro, se farlo in pubblico, tutti insieme, ormai non si può più.

6. I dissenzienti

Come tutti i progetti totalitari, anche il follemente corretto incontra resistenze e suscita moti di ribellione.

I ceti popolari, ad esempio, tendono semplicemente a ignorare i suoi dettami, ricevendone in cambio disprezzo (o paternalistici compatimenti) da parte delle élite più o meno illuminate. Il che, sia detto per inciso, è una delle ragioni per cui da tempo, in quasi tutti i paesi occidentali, il voto popolare tende a premiare i partiti di destra, che delle assurdità del politicamente corretto hanno fatto uno dei bersagli preferiti.

Fra i ceti medi l'adesione al follemente corretto non è certo unanime, anche se le perplessità e i dubbi spesso restano inespressi, per prudenza e amore del quieto vivere.

Quanto ai ceti superiori, la massiccia adesione ai dettami del nuovo credo non sopprime del tutto i segnali di rivolta. Fra quelli degli ultimi anni, si possono ricordare l'appello di Catherine Deneuve contro la demonizzazione del corteggiamento e gli eccessi del MeToo; la lettera contro la "cancel culture" di Noam Chomsky e altri 150 accademici, scrittori e artisti; gli editoriali critici o autocritici dell'*Economist* e del *New York Times*.

E poi le numerose prese di posizione di singole personalità: Joanne Rowling, impegnata contro la censura e l'invasione degli spazi femminili da parte delle persone trans MtF; il comico inglese Ricky Gervais, preoccupato per gli innumerevoli paletti e tabù che ingessano la satira; Hillary Clinton, che paventa le conseguenze elettorali degli eccessi woke.

Negli Stati Uniti, la resistenza alle follie del politicamente corretto ha anche favorito la nascita di organizzazioni e istituzioni specificamente deputate a combatterlo, o a contrastarne le conseguenze (come i licenziamenti dei professori dissidenti). La Fondazione per i diritti individuali e la libertà di espressione (FIRE), presieduta da Greg Lukianoff, ha come missione la difesa della libertà di parola nei campus universitari. L'università di Austin in Texas (UATX) è nata anche per dare voce ai docenti cacciati, emarginati o isolati per le loro idee. La rivista accademica *Journal of Controversial Ideas* è stata creata, pochi anni fa, con l'intento esplicito di aprire uno spazio in cui le idee controverse avessero pieno e programmatico diritto di esistenza.

Anche in Italia, le voci contrarie non mancano, ma sono voci meno organizzate, meno trasversali, meno coraggiose, e molto meno autorevoli. Certo, contro il follemente corretto sono compattamente schierati i media di destra. E contro certi suoi aspetti – ad esempio l'utero in affitto, o l'autoaffermazione di genere – si sono talora sentite le voci della Chiesa, delle organizzazioni cattoliche di base, del femminismo gender critical, e persino del mondo LGBT+ (penso in particolare ad Arcilesbica).

E si potrebbe pure ricordare che – a dispetto della loro fede progressista – contro le degenerazioni del politicamente corretto si sono talora espressi anche un manipolo di intellettuali, studiosi, scrittori e giornalisti: Barbara Alberti, Natalia Aspesi, Alfonso Berardinelli, Luciano Canfora, Concita De Gregorio, Paolo Flores D'Arcais, Maurizio Maggiani, Dacia Maraini, Piergiorgio Odifreddi, Francesco Piccolo, Federico Rampini, Massimo Recalcati, Paolo Rossi, Piero Sansonetti, Michele Serra, Walter Siti, Emanuele Trevi, e pochissimi altri.

E tuttavia si tratta quasi sempre di voci isolate, che finora non hanno voluto o saputo dar vita ad alcun movimento organizzato di resistenza al follemente corretto.

La realtà è che, nonostante l'estraneità dei ceti popolari, le perplessità di una parte del ceto medio, le campagne di stampa della destra, i focolai di resistenza dell'élite, il politicamente corretto tiene, e tende a evolvere in follemente corretto. In America come in Europa come in Italia.

Certo, ci si può dire contrari. Nessuno te lo impedisce, o ti delegittima per questo. Ma un conto è *dirsi* contrari, un conto è *fare* qualcosa che infrange le regole. Quasi nessuno, a parte chi ha fatto della provocazione un mestiere, osa oggi uscire dal seminato, qualsiasi cosa faccia: film, romanzi, saggi, pubblicità, spettacoli teatrali, conferenze, lezioni.

E l'area del non-dicibile si allarga a macchia d'olio, diventando un non-detto immenso, una specie di vulcano sommerso e silente. Quel che ieri era ancora lecito oggi non lo è più; e quel che oggi è lecito domani potrebbe smettere di esserlo.

È una situazione inquietante, che turba chi – essendo vissuto in un'epoca più libera – si rende conto che non potrebbe, oggi, rifare quel che fece senza problemi anche solo quindici o venti anni fa. E rende la vita difficile ai giovani scrittori e artisti, paralizzati dall'obbligo di non violare le regole.

Lo spiega bene lo scrittore anglo-pakistano Hanif Kureishi, che in un tweet su X così ne parla:

> Sono sollevato di non essere un giovane scrittore che lavora oggi in questa atmosfera di imbarazzo e trepidazione, in questa Corea del Nord della mente (...).
> Io non voglio vivere in un'atmosfera di paura e inibizione, in cui gli scrittori hanno paura di esprimere il loro vero sé per timore di offendere questo e quello.

Ed eccoci alla domanda cruciale: perché è tanto difficile resistere? Io credo che, a questa domanda, si debbano dare tre risposte distinte, perché almeno tre sono gli ostacoli sul cammino dei resistenti.

Il primo ostacolo è lo stesso che, in tanti paesi occidentali, ha incontrato l'opposizione al comunismo. Se ci abbiamo messo più di mezzo secolo a capire che il comunismo era una cattiva idea, è perché le sue intenzioni dichiarate (a differenza di quelle del fascismo e del nazismo) apparivano buone. Così buone, che una parte considerevole del mondo politico e intellettuale ha ritenuto che le conseguenze del comunismo (tragiche) fossero meno importanti delle sue mete (radiose).

La medesima cosa sta succedendo con il politicamente corretto e la cultura woke. Politici e intellettuali, ma anche tanti comuni cittadini, non osano contrastare il politicamente corretto semplicemente per il fatto che i suoi fini dichiarati appaiono nobili, esattamente come ai loro padri tali parevano i fini del comunismo. Ed esattamente come allora, guardare alle conseguenze concrete di un'ideologia pare meno importante che guardare alle finalità ultime: se queste sono nobili, possiamo chiudere un occhio su quelle.

Chi poteva ieri opporsi al sogno dell'eguaglianza? E chi può oggi opporsi a quello della Social Justice, che ne è semplicemente la versione aggiornata?

Questo spiega perché la resistenza gioca sempre in difesa. Può far notare tutto quel che le pare sui danni del follemente corretto, sulle sue vittime, sulle fratture sociali che provoca, sulla inaccettabilità della censura, ma poi resta sempre quel residuo insormontabile: loro sono buoni, loro lo fanno per il nostro bene, loro (come i comunisti) ci promettono il paradiso in terra. Opporsi frontalmente non è possibile. E meno che mai ridere: chi si straccia le vesti per i mali del mondo non tollera ironia, né dubbio, né leggerezza. Li interpreterebbe come una riprovevole, inaccettabile sospensione dell'engagement. E noi questo lo sentiamo. E ce ne facciamo intimidire.

Il secondo ostacolo sulla via dei resistenti è la destra. Lo so che è paradossale, ma è proprio così: il modo in cui la destra politica, i suoi giornali, le sue TV combattono il FC rende più difficile – ai dissenzienti – fermare la corsa del FC stesso.

Per capire come mai, dobbiamo fare una piccola digressione, partendo da una (apparentemente) criptica asserzione di Guia Soncini: "Siamo un secolo così scemo che per il dissenso abbiamo inventato la categoria *hater.*"

Traduco in sociologhese: il meccanismo di difesa fondamentale con cui il follemente corretto difende se stesso dagli attacchi dei dissenzienti è di far passare per odiatori i dissenzienti stessi.

Ogni critica ai dogmi del follemente corretto viene meccanicamente etichettata come *fobia* – omofobia, bifobia, transfobia, xenofobia – e poi, con estremo spregio della lingua greca, la parola fobia non viene tradotta correttamente come paura bensì come *odio*. In breve, i dissenzienti vengono classificati come odiatori, così esponendoli alle ire della rete e ai rischi legali connessi alla legislazione sull'*hate speech* e sugli *hate crimes*.

E qui arriva il passaggio fondamentale. La trasformazione del dissenso in odio, e dei dissenzienti in odiatori facilmente stigmatizzabili e perseguibili, trae enorme giovamento dal modo in cui la destra conduce la sua battaglia contro il FC. Un modo troppe volte intriso di aggressività, cattiveria, sarcasmo, rinuncia a comprendere le ragioni dei difensori del follemente corretto. L'ostilità con cui politici e giornalisti di destra parlano di gay, lesbiche, transessuali, migranti non fa che agevolare la demonizzazione e talora la criminalizzazione del dissenso. Da questo punto di vista, personaggi come Salvini e Vannacci, con il loro continuo provocare e offendere, funzionano come preziosi alleati del follemente corretto, che li può usare come prove *a contrario* delle proprie buone ragioni. Come a dire: se l'alternativa al follemente corretto sono loro, allora teniamoci il follemente corretto.

Né si tratta solo di questo, ovvero del carattere greve di tante campagne della destra contro i peggiori dogmi della cultura woke. Il fatto è che, a dispetto delle sue storture e delle sue clamorose incongruenze, il wokismo è una dottrina strutturata, con i suoi ministri e i suoi sacerdoti, le sue scuole e le sue postazioni nei gangli del potere e dentro la società civile. Il dissenso nei suoi confronti, invece, non è finora stato in grado di elaborare un pensiero alternativo, una concezione del mondo e un'idea della vita capaci di contrapporsi in modo organico alla mentalità woke. Finché questo non accadrà, il follemente corretto continuerà ad avere vita facile.

E ora veniamo all'ultimo ostacolo sul cammino dei resistenti. Un ostacolo molto diverso dagli altri due, perché non è né statico come il primo (la bontà dei fini come scudo), né esterno come il secondo (la rozzezza della destra). L'ostacolo di cui vogliamo parlare è dinamico e interno, perché riguarda la capacità di auto-replicazione del follemente corretto.

Una capacità che non va confusa con la semplice facilità di circolazione, perché è intrinseca, ossia di tipo logico, non banalmente tecnologica. Il follemente corretto non è solo un messaggio che, grazie alla rete, ha la possibilità di circolare identico a se stesso. Il follemente corretto è un messaggio che, esattamente come un virus, ha la capacità di replicarsi producendo continuamente *varianti* di se stesso, che allargano indefinitamente il dizionario delle espressioni proibite.

Per spiegare come ciò avvenga comincio con un esempio. Prendiamo la parola "negro", madre di tutti i tabù, che da mezzo secolo circa è bandita e sostituita da "nero". Una volta pronunciata la scomunica, la parola "nero" circola sempre di più, poco per volta sostituisce la parola "negro", e alla fine quasi tutti dicono "nero". Evviva.

Poi però succede una cosa. A un certo punto, qualcuno fa notare che, proprio perché rimanda a "negro", anche la parola nero va maneggiata con cautela. L'espressione lista nera (*blacklist*), ad esempio, assegna il colore nero a qualcosa di negativo (per esempio i gruppi terroristici), e quindi, dal momento che "nero" sta anche per "negro", contribuisce a gettare un'ombra sui neri. Dunque, va bandita anche lei. E sostituita, ad esempio con "elenco negativo".

Benissimo. È finita qui?

Neanche per sogno. Se il nero rischia di essere associato a qualcosa di negativo, allora vale anche l'opposto: il bianco rischia di essere associato a qualcosa di positivo, di buono. E quindi?

Quindi se dici a qualcuno di inserire uno "spazio bianco" fra due numeri, poiché bianco è connotato positivamente, tu stai compiendo "un atto inconsciamente razzista". Dunque anche "spazio bianco" va bandito.

E come lo sostituiamo?

Semplice: basta dire "spazio vuoto", e il razzismo sistemico è debellato.

Adesso abbiamo finito?

No. Non è solo l'espressione "lista nera" che va bandita. Anche "pecora nera" non va, perché "assegna connotazioni negative al colore nero, razializzando il termine". Meglio dire "emarginato". Anzi "emarginato/a", tanto per non escludere i non-maschi.

Chi ricorda *Carosello* e la pubblicità del detersivo Ava ("Ava, come lava...") non può non avere un sobbalzo al pensiero che l'indimenticabile "Calimero, pulcino nero", reso bianco dal miracoloso detersivo, dovrebbe diventare "Calimero, pulcino emarginato".

Anzi no. E se Calimero fosse una pulcina? Meglio dire "Calimero, pulcino/a emarginato/a".

L'esempio illustra nel modo più chiaro come funziona l'escalation proibizionista del follemente corretto. All'inizio c'è un'unica parola tabù, la parola "negro". Poi compare anche "lista nera". Poi "spazio bianco". Poi "pecora nera". E la catena può allungarsi indefinitamente man mano che, associazione di idee dopo associazione di idee, categoria protetta dopo categoria protetta, come tanti birilli vengono fatte cadere le più innocenti espressioni della vita quotidiana, del lavoro, della scrittura.

Come in un'epidemia, il virus iniziale, spesso ragionevole (non dire "negro"), replica se stesso in innumerevoli varianti, ogni volta diverse e sempre meno ragionevoli. All'inizio non puoi dire cieco, ma poi non puoi dire che l'evoluzione è cieca. All'inizio non puoi dire nano, ma poi non puoi dire che su quella piccola isola abita l'elefante-nano. All'inizio ti dicono che fischiare per strada a una bella ragazza è sessista, ma poi ti dicono che anche jack maschio e jack femmina è linguaggio sessista.

E non basta ancora. Guai alle parole che contengono la radice maschilista man (uomo), come mankind (umanità), postman (postino). Guaissimi a quelle che contengono la parola master (padrone), come masterchef (maestro di cucina), webmaster (amministratore di un sito web). E guai pure alle espressioni che – non importa se solo in modo traslato e metaforico – evocano il passato coloniale dell'uomo bianco, come "un lavoro da schiavo", "colonizzare Marte", "architettura master-slave".

L'elenco potrebbe continuare per pagine e pagine (chi è interessato può consultare, a titolo di esempi, le linee guida emesse dall'università di Stanford, o quelle dell'Unione Europea, o quelle dell'organizzazione ambientalista Sierra Club).

Non c'è solo la moltiplicazione delle parole all'indice, però. Un'analoga escalation moltiplica la lista delle categorie fragili, dunque da proteggere, dunque autorizzate a offendersi. Non solo le minoranze sessuali LGBT+, che via via aggiungono una lettera all'acronimo: Q per queer, I per intersessuale, A per asessuale, + per ogni eventuale allargamento futuro. Bensì ogni possibile gruppo a rischio di subire commenti salaci, torti, offese e discriminazioni.

All'inizio, più che saggiamente, ci sono i disabili. Ma poi subentrano i grassi. I calvi. Quelli con i rasta. I senzatetto. I vecchi. Persino gli animali. E il linguaggio, ogni volta, deve ripurificarsi per tenere conto dei nuovi arrivati, in un'impresa che non sembra avere fine.

Ecco perché la vita dei dissenzienti è dura. Il follemente corretto non è protetto soltanto dalla corazza delle buone intenzioni, ma dal fatto che – come in una cassa di risonanza – ogni termine vietato ne evoca altri, che a loro volta ne evocano altri ancora, ogni volta potando un nuovo ramo del meraviglioso albero della lingua.

E non è ancora tutto. Il follemente corretto non avanza solo generando varianti dei tabù primari (negro, cieco, nano), ma ampliando gli ambiti in cui pretende di essere recepito e adottato. All'inizio si afferma che lo schwa (o l'asterisco) è solo un esperimento personale, o di élite. Poi si prova a usarlo in saggi e articoli. Poi si comincia a promuoverlo nelle scuole. Ogni volta allargando il suo raggio di azione.

Lo stesso meccanismo di ampliamento si presenta con i documenti che università e organismi internazionali redigono per fissare le regole del linguaggio corretto. In principio, per evitare le critiche, si afferma che le regole sono vincolanti solo per gli uffici; o solo per il personale docente e amministrativo; o solo per l'intera comunità accademica. Ma è chiaro che l'ambizione è di portarle, prima o poi, al di fuori della comunità in cui sono nate.

Moltiplicazione dei termini proibiti. Moltiplicazione delle categorie protette. Moltiplicazione degli ambiti di applicazione. Il progetto del follemente corretto è un progetto totale, che ambisce a plasmare la società intera.

7. L'economia del follemente corretto

Ma il progetto è solo quello di riformare la società riformando il linguaggio?

Sfortunatamente no. Il follemente corretto non si limita a erodere la lingua che parliamo, ma incide concretamente sulle nostre esistenze, modificando alla radice i rapporti sociali.

Di come la nostra vita, e in special modo quella delle donne, sia stata cambiata e stia cambiando a causa del FC, abbiamo fornito diversi esempi nella prima parte di questo libro, raccontando le censure, le intimidazioni, i boicottaggi, i licenziamenti, l'involuzione dell'editoria, l'attacco alla libertà dell'arte, l'invasione degli spazi femminili. Qui vorremmo piuttosto attirare l'attenzione su una circostanza stranamente trascurata nelle discussioni sul politicamente corretto: il follemente corretto è anche, forse soprattutto, lo strumento di affermazione di una nuova élite e di un nuovo blocco dominante.

Per capire come, occorre partire dalle fondamenta, ossia dall'economia. Nel mondo del XXI secolo le imprese e le grandi organizzazioni stanno diventando sempre più simili alle forze politiche e alle istituzioni pubbliche perché, come quelle, hanno assoluto bisogno di legittimità, reputazione, buona stampa, fiducia. Per preservare la reputazione, non è sufficiente continuare a produrre beni e servizi di qualità: occorre anche coltivare la propria immagine di paladini delle buone cause, dalla salvezza del pianeta alla promozione dei diritti. Esattamente come può capitare agli influencer, basta un passo falso per mettere a repentaglio un business costruito in anni, e talora decenni di lavoro. Con linguaggio aziendale, potremmo dire che la reputazione è un asset cruciale, come lo sono il capitale, il credito bancario, la rete di relazioni con operatori economici e poteri pubblici: conservare, proteggere e possibilmente migliorare la reputazione sono azioni strategiche.

È questa la ragione di fondo per cui imprese e organizzazioni, tanto più se sono grandi o multinazionali, sono iper-attente alla comunicazione, e ultrasensibili alle campagne degli attivisti. Il rischio che una mossa sbagliata nella promozione di un marchio o di un prodotto scateni una campagna di denigrazione o boicottaggio è troppo forte per non indurre ad assumere un atteggiamento che potremmo definire di "ascolto estremo", ovvero di attenzione anche alle più improbabili richieste di posizionamento corretto in tutti i campi: caratteristiche del prodotto, spot pubblicitari, politiche del personale, condizioni di lavoro, criteri di assunzione. È questo che spiega l'arrendevolezza, al limite del servilismo, con cui grandissime organizzazioni hanno modificato prodotti, corretto messaggi pubblicitari, o recepito le richieste di sanzione o licenziamento dei reprobi, non di rado aderendo esplicitamente a campagne di natura politico-culturale che nulla avevano a che fare con la missione primaria dell'impresa. Ed è questa la ragione per cui tante imprese, specie se grandi o multinazionali, hanno previsto nei loro bilanci l'apertura di posizioni o uffici DEI, che si occupano di Diversity, Equity, Inclusion.

Può sembrare irrazionale o eccessivamente costoso, ma non lo è se si considerano due fatti. Il primo è che migliorare l'immagine in senso progressista, il cosiddetto *virtue signalling*, è spesso meno costoso, molto meno costoso, che migliorare la qualità di prodotti e servizi. Non occorre sempre aprire pletorici uffici DEI, alle volte bastano azioni minimali. A Lufthansa costa zero mostrare la propria sensibilità eliminando il discriminatorio "Gentili signore e signori" a favore dell'inclusivo "Buongiorno", ma costerebbe tantissimo migliorare la qualità del cibo, accorciare le code agli ingressi, ampliare gli spazi per sedili e cappelliere. All'industria del suono costa quasi nulla emettere una circolare che invita tecnici e operai a sostituire le parole sessiste "jack maschio" e "jack femmina" con le asessuate "spina" e "presa", ma costerebbe tantissimo dare più ferie ai dipendenti o rendere più salubri gli ambienti di lavoro. All'Ateneo di Trento, imporre il femminile al posto del maschile in tutti i documenti e le comunicazioni costa solo qualche perdita di tempo per redigere i nuovi regolamenti, mentre avrebbe costi incomparabilmente superiori aprire asili nido per i bambini delle professoresse, o smantellare il "tetto di cristallo" nei concorsi per ordinario, tendenzialmente penalizzanti per le donne. In poche parole: il follemente corretto è appetibile anche perché è un formidabile strumento di abbattimento dei costi.

C'è poi un secondo fatto da considerare: i ceti istruiti sono, al tempo stesso, più sensibili alle istanze del politicamente corretto, e più muniti di potere di acquisto. Per questo, per le imprese, le loro istanze contano di più. Perdere un impiegato, un tecnico, un professore mediamente costa di più che perdere un operaio, un fattorino, un commesso. Il potere intimidatorio degli attivisti non si basa, di norma, sulla loro capacità di mobilitare ciechi, disabili, senzatetto, omosessuali, transessuali, o i membri di qualche altra minoranza protetta, bensì sul fatto che una campagna di denigrazione di un marchio a causa della sua presunta insensibilità a istanze di inclusione o giustizia sociale può provocare una reazione punitiva, di boicottaggio o di riduzione degli acquisti, innanzitutto nei ceti medi e alti.

Anche le discussioni sui modi di chiamare i membri delle varie categorie protette raramente partono da istanze di riconoscimento genuine, provenienti dalle vittime stesse: pensiamo, per fare un solo esempio, al surreale dibattito su come chiamare i senzatetto (homeless, houseless, unsheltered, unhoused), una controversia di cui ai senzatetto reali non potrebbe importare di meno. Più spesso, la funzione di simili discussioni è di educare i colletti bianchi, riparati e perlopiù benestanti, ad attenersi ai canoni del follemente corretto.

8. La nuova élite

E qui arriviamo al nodo della formazione di un nuovo assetto sociale, con la sua élite, i suoi pasdaran, i suoi esclusi, le sue vittime, e pure i suoi paria. Dal punto di vista sociologico, la conseguenza più importante del follemente corretto è che esso innesca una pesante redistribuzione del potere, del reddito e soprattutto del prestigio fra i diversi ceti e gruppi sociali.

Al vertice della piramide sociale, come sempre, troviamo i detentori del potere economico, politico e culturale. Ma accanto a loro, in una posizione assolutamente privilegiata, troviamo tre nuove categorie, che potremmo succintamente definire le vestali della Neolingua, le lobby del Bene, le Guardie rosse della "diversity".

Le vestali della Neolingua

La prima categoria include pubblicitari, addetti delle agenzie di comunicazione, consulenti aziendali, blogger, esperti di media, docenti di comunicazione, editor e redattori delle case editrici, editorialisti e giornalisti "corretti", uffici stampa di aziende, partiti e università.

A loro, a seconda dei casi, spetta inventare le regole della Neolingua o garantire che i poteri dominanti le rispettino. Come è stato brillantemente spiegato da Raffaele Alberto Ventura, forse il più raffinato difensore delle ragioni del politicamente corretto, oggi l'imperativo fondamentale di chi fa comunicazione è sterilizzare il linguaggio in modo da minimizzare il rischio che qualcuno possa offendersi. Secondo questo modo di vedere, chiunque comunichi deve porsi il problema delle innumerevoli possibili interpretazioni del suo messaggio, indipendentemente dalle proprie più o meno buone intenzioni. Perché l'intenzione di chi parla non conta, conta solo il vissuto di chi riceve, in una sorta di riformulazione del principio per cui "il cliente ha sempre ragione". Di qui l'imperativo di sterilizzare il linguaggio, anche a costo di renderlo povero, poco espressivo, o asettico come il linguaggio burocratico-formale.

> Le lingue sono piene di espressioni scivolose: stereotipi, metafore, reminiscenze di altre epoche, tutti segni di indubbia

> espressività che tuttavia potrebbero sfigurare in un contesto istituzionale. In generale (...) è opportuno tenere a mente che le lingue hanno diversi registri, da quello familiare a quello sostenuto, e che mescolarli può essere pericoloso. A lungo ci siamo convinti che questo miscuglio di registri suonasse moderno e informale, migliorasse la comprensione, avvicinasse chi parla al suo pubblico. Oggi se vogliamo evitare malintesi dobbiamo arrenderci al ritorno di una maggiore formalità: risulteremo meno simpatici, ma eviteremo spiacevoli inciampi.

Si capisce bene perché la Neolingua incontri la sconsolata opposizione di letterati, scrittori, artisti in genere, e il favore dei colossi dell'economia e della politica. Per i primi l'espressività è tutto, per i secondi la priorità è proteggere la propria reputazione, e le vestali della Neolingua sono i preziosi consiglieri che li aiutano a non inciampare.

Le lobby del Bene

La seconda categoria – le lobby del Bene – include tutte le associazioni, organizzazioni o gruppi che, in nome della tutela di qualche minoranza o della promozione di qualche causa più o meno universale, fanno uso del loro potenziale intimidatorio per imporre il proprio punto di vista al maggior numero possibile di soggetti-bersaglio: imprese, burocrazie governative, università, scuole, enti culturali. In Europa, campione di questa categoria è la lobby LGBT+ Stonewall, che per un certo numero di anni è riuscita a imporre le sue politiche del personale a grandi imprese e burocrazie ministeriali britanniche, essenzialmente scambiando denaro con reputazione: tu mi paghi per insegnarti come trattare le minoranze sessuali nei tuoi uffici, e io ti piazzo in alto nella graduatoria annuale delle organizzazioni più virtuose.

Una caratteristica importante di questi gruppi è di autopercepirsi e autopresentarsi non come gruppi di pressione che agiscono a tutela dei legittimi ma circoscritti interessi di determinate categorie, bensì come paladini di cause di valore universale, che chiunque avrebbe il dovere morale di sottoscrivere. E questo anche quando le loro cause sono manifestamente di parte, in quanto non condivise o osteggiate da ampi settori della società. È il caso, giusto per fare qualche esempio, della scelta soggettiva del genere (self-id), avversata da una parte delle femministe; del diritto all'aborto, avversato da una parte dei credenti; dell'educazione sessuale nelle scuole elementari, avversata da una parte delle famiglie; delle quote rosa, avversate da una parte delle donne e dal mondo liberale; delle limitazioni al diritto di espressione nelle università, avversate (spesso silenziosamente) da tanti docenti.

In tutti questi casi, per penetrare le istituzioni che si intende convincere a farsi testimonial o promotrici di una determinata causa, è essenziale presentare la causa stessa come universale, non controvertibile, se non ovvia. Questo spiega sia perché la promozione della causa spesso tende ad assumere tratti totalitari, intolleranti, o aggressivi, sia perché può succedere che alla causa aderiscano imprese o organizzazioni il cui core business è da tutt'altra parte. Emblematico, in proposito, il caso che già abbiamo incontrato parlando dell'amministratore delegato della Disney Bob Chapek, indotto a prendere solennemente ed enfaticamente posizione contro la legge "Don't say gay", varata dal governatore della Florida Ron DeSantis: la legge, che prevedeva che l'educazione sessuale entrasse nelle scuole solo dopo l'ottavo anno di istruzione, non aveva nulla a che fare con l'attività della Disney, ma prendere posizione contro di essa, e persino scusarsi per non averlo fatto tempestivamente, parve indispensabile a Bob Chapek per continuare a godere di adeguata reputazione nell'establishment statunitense, da lungo tempo egemonizzato dai progressisti.

Le Guardie rosse della "diversity"

E veniamo alla terza categoria che, soprattutto nei paesi anglosassoni, arricchisce il profilo della nuova élite. Possiamo definirla, in generale, come la speciale burocrazia tecnico-amministrativa che, nelle università, nelle imprese, e più in generale nelle grandi organizzazioni, è preposta a sorvegliare il rispetto dei principi DEI (Diversity, Equity, Inclusion), in particolare raccogliendo denunce, avviando istruttorie, valutando se coinvolgere l'autorità giudiziaria, organizzando workshop di sensibilizzazione e rieducazione. Non esiste un unico nome o un'unica sigla per designare queste specie di task force della correttezza politica, ma le denominazioni più frequenti sono BRT (Bias Response Team) nelle università, e "DEI office" nelle imprese e nelle grandi organizzazioni. Esiste anche un termine, Chief Diversity Officer, con cui si designa chi, nei team che promuovono le politiche DEI, occupa la posizione dirigenziale più alta.

La differenza fondamentale fra i due contesti (università e altre organizzazioni) è che nelle università queste burocrazie si occupano soprattutto di monitorare e gestire gli incidenti (spesso davvero minuscoli e soggettivi) che possono sorgere nelle interazioni fra studenti e tra studenti e professori, mentre nelle imprese e nelle grandi organizzazioni i compiti sono più vasti, e possono andare dalla tutela delle minoranze sessuali sul posto di lavoro, al monitoraggio del benessere dei lavoratori, alla promozione di politiche del personale che valorizzino le diversità di genere, etnia, orientamento sessuale eccetera.

Gli aspetti più problematici delle politiche DEI sono soprattutto due. Nelle università, il concetto di "microaggressione" tende a ricoprire anche casi di mera suscettibilità individuale, compreso l'essere esposti a opinioni che non si condividono. Nelle imprese, l'obiettivo di assicurare un ambiente inclusivo, in cui tutte le differenze e le identità siano rispettate, non di rado si traduce in assai problematiche iniziative di sensibilizzazione, indottrinamento, rieducazione, in cui il principale obiettivo delle nuove Guardie rosse è suscitare sensi di colpa nei maschi-bianchi-eterosessuali, visti come co-responsabili di tutte le nefandezze dei nostri antenati.

I vigilantes

Il ritratto del blocco dominante non sarebbe completo se, accanto ai segmenti descritti fin qui, non menzionassimo un altro soggetto, che del blocco dominante non fa parte, ma svolge funzioni cruciali al suo servizio. Mi riferisco all'esercito dei vigilantes, o pasdaran del politicamente corretto, che – specie da quando sono esplosi i social – operano instancabilmente in rete distribuendo pagelle, invettive, lodi sperticate a seconda dei contenuti che incrociano. Considerati uno a uno, sono semplicemente parte della massa impotente e sottomessa degli utenti-consumatori, ma considerati nel loro insieme sono ingranaggi fondamentali della macchina che alimenta il follemente corretto. La loro mera esistenza, infatti, è sufficiente a tenere sotto tiro chiunque comunichi in rete, e permette alle lobby degli attivisti, ma anche ai media tradizionali, di amplificare ogni incidente, aumentando ancora di più la pressione sui grandi player dell'economia, della politica e della cultura perché si adeguino agli standard della correttezza politica.

Ci si potrebbe chiedere, naturalmente, chi glielo fa fare ai pasdaran del FC di perdere il loro tempo a sorvegliare il traffico sulla rete. La risposta è che il tempo della rete è anche il tempo – per dirla con Marx – di una sorta di "accumulazione primitiva" di capitale morale, attraverso la sistematica denuncia delle magagne altrui, e la puntuale ostensione della propria virtù. Il tipico vigilante, o pasdaran, è spesso un soggetto che la rete ha reso insicuro, bisognoso di conferme, pronto ad alternare vittimismo e indignazione per darsi un'identità spendibile nella rete stessa. Un compito che l'adesione al follemente corretto svolge alla perfezione.

9. L'inclusione che esclude

Così come ha contribuito alla formazione di una nuova élite, che include specialisti della comunicazione, società di consulenza aziendale e reti di attivisti, l'espansione del follemente corretto ha anche finito per ridefinire i confini e l'immagine stessa dei ceti subalterni. Con la rivoluzione tecnologico-informatica del XXI secolo, si è ulteriormente allargata la frattura fra chi dispone di un'istruzione superiore e lavora negli snodi cruciali del sistema e chi invece non ha né i titoli formali né le competenze necessarie per destreggiarsi fra le insidie del mondo della comunicazione. Lo riconosce, in diversi passi del suo libro *La regola del gioco*, lo stesso Ventura, che pure difende a spada tratta le ragioni del politicamente corretto.

> La complessa padronanza dei codici linguistici della società multiculturale – con le sue parole da dire e non dire, i suoi neologismi, le sue accortezze – è già oggi un criterio di selezione delle élite internazionali (...).

> Se per non fare pasticci nel mondo contemporaneo ci vogliono laurea, dottorato e corso di aggiornamento, *l'inclusività può diventare a sua volta una forma di esclusione*. In fondo la "morte sociale" di uno è un posto che si libera per l'altro. [corsivo aggiunto]

L'adesione o meno al follemente corretto e alle sue regole sta diventando un potente strumento di attribuzione di status, un po' come lo erano in passato i segnali di appartenenza alle classi alte, così ben descritti da Bourdieu con il concetto di habitus nel suo capolavoro *La distinzione*: esibire determinati gusti in materia artistica, frequentare certi luoghi, parlare senza un accento regionale. Il mero fatto di padroneggiare il codice del follemente corretto, e di adottarlo nelle occasioni rilevanti della vita sociale, fornisce a tutti – anche a chi non riveste posizioni apicali – una preziosa opportunità di migliorare la propria immagine e il proprio status. Viceversa, l'incapacità o il rifiuto di adeguarsi al codice innescano – nei luoghi che contano – scene di imbarazzo o riprovazione, presto seguite da segnali più o meno inequivocabili di allontanamento ed esclusione.

Da tutto ciò una doppia frattura sociale. Da un lato, si accentua la crucialità del titolo di studio e delle competenze comunicative nel condizionare il destino sociale delle persone: chi non ha alle spalle studi superiori, rischia di restare escluso dalle cerchie che contano anche se lavora duro e ottiene un reddito elevato. Dall'altro lato, la mera affermazione del follemente corretto crea una nuova forma di discriminazione, di cui – paradossalmente – i primi responsabili sono i nemici di ogni discriminazione. È quel che, in modo drammatico, è successo nel mondo femminile, con l'invasione degli spazi riservati alle donne e le intimidazioni-persecuzioni-sanzioni subite dalle donne contrarie al credo trans-femminista. Ed è quello che, specie in America, è capitato a centinaia di professori, che hanno pagato la loro non adesione ai canoni dell'ortodossia woke con sanzioni, licenziamenti, isolamento entro la comunità accademica.

E non è tutto. Il coefficiente di penetrazione del follemente corretto non è il medesimo in tutti i ceti sociali e in tutti gli ambienti. I giovani sono più permeabili degli anziani. Gli impiegati più degli operai. I lavoratori intellettuali più di quelli manuali. Gli abitanti delle città più di quelli delle campagne. I ricchi più dei poveri. Il risultato è una maionese impazzita, che esalta tutti i contrasti preesistenti, minando alla radice le basi stesse della coesione sociale.

Con un risvolto importante, talora dimenticato. L'adesione o meno al follemente corretto non è sociologicamente neutrale. Tendenzialmente, il follemente corretto piace agli strati alti e ai "ceti medi riflessivi", istruiti e urbanizzati. Mentre dispiace, o lascia indifferenti, gli strati popolari, a bassa istruzione, spesso collocati alla periferia del sistema, nelle campagne e nei piccoli centri. Di qui un effetto non inteso, ma ineluttabile: il politicamente corretto non può che accentuare il senso di superiorità dell'élite e dei ceti colti verso gli strati popolari, spesso descritti con l'umiliante metafora della "pancia del paese".

Ma è una superiorità morale diversa da quella classica, che riguardava essenzialmente gli esponenti della sinistra, antipatici perché prigionieri del "complesso dei migliori". Oggi il sentimento di superiorità morale è più diffuso e capillare di allora, perché all'élite morale cerca in qualche modo di appartenere chiunque dell'indignazione cerchi di fare il proprio biglietto da visita, in rete e fuori della rete.

Così il cerchio si chiude. La volontà di includere e abolire ogni discriminazione si rivela un potente amplificatore di tutte le fratture sociali più importanti, a partire da quella fra ceti acculturati e ceti popolari. E al tempo stesso si rivela un formidabile strumento di ascesa di una nuova élite, che si sente portatrice di una superiore moralità, e perciò autorizzata a imporre la propria lingua, umiliare chi non la padroneggia, marginalizzare i tanti che la pensano diversamente.

Qualcuno può stupirsi se, in America come in Europa, quei tanti stanno provando ad alzare la testa?

Il futuro di una follia

La corsa senza fine del follemente corretto può far pensare che non vi sia scampo. Che, prima o poi, tutti ne saremo travolti. E che la cosiddetta cultura woke sia destinata, alla fine, a diventare la religione laica dell'occidente: un credo cui sarà sempre più costoso non sottomettersi, così come, nei paesi di fede islamica, è costoso violare i dettami della sharia.

Uno scenario di questo tipo non può essere escluso in modo categorico, se non altro perché il meccanismo di propagazione del follemente corretto non si limita a diffonderne i principi ma, grazie ai meccanismi della rete, tende anche a erodere le risorse intellettuali, cognitive, morali – e pure di ironia e sense of humour – che sarebbero necessarie per riconoscerne l'assurdità e la pericolosità.

Nonostante questo, esistono anche ragioni per non indulgere al pessimismo. Accanto alle forze che lo alimentano, ci sono aspetti del follemente corretto che ne limitano l'espansione, e in futuro potrebbero sancirne il declino, se non l'estinzione. Il più importante, probabilmente, è la sua inconsistenza: il follemente corretto è un sistema pieno di falle logiche.

La prima falla del FC è l'assenza di vincoli logici o semantici nella catena di libere associazioni che via via squalifica sempre nuove parole. Se negro squalifica l'aggettivo nero che a sua volta squalifica l'aggettivo bianco. Se certi termini, come cieco e nano, non possono essere più usati nemmeno in ambito scientifico. Se certi divieti o certi obblighi (non usare parole come Natale, o fratellanza, o insediamento), inizialmente confinati in cerchie ristrette, vengono via via estesi ad ambiti sempre più ampi. Se le pressioni per alterare la lingua possono provenire da chiunque, senza alcun mandato collettivo. Se tutto ciò accade, vuol dire che il movimento di purificazione della lingua non incorpora alcuna regola di stop, alcun criterio condiviso per porre un limite alle innovazioni arbitrarie e soggettive.

Giusto nei giorni in cui scrivo, una vicenda illustra bene il problema. Come sappiamo, la Festa dell'Unità è, dalla fine della seconda guerra mondiale, l'evento identitario più importante della sinistra, o meglio della sinistra comunista o ex comunista. Ogni anno migliaia di cittadini, anche di altra fede politica, prendono parte alle varie feste o festival dell'Unità. Il nome, con pochissime varianti, è sempre stato il medesimo, e la parola chiave è sempre stata Unità, con chiaro riferimento al quotidiano *L'Unità* (un tempo organo ufficiale del Partito comunista). Quest'anno, invece, alla festa dell'Unità di Roma, il manifesto ufficiale reca una diversa dizione. La parola "Unità" non è scritta come sempre è stata scritta fin dal 1945, ma come Unit*'. La lettera finale (à) è stata sostituita da un asterisco (*) sormontato da una specie di accento o apice.

La cosa interessante è che la parola unità è femminile, come lo sono le parole pietra, luna, civiltà, avversità. E, riferendosi a un concetto astratto, non vi può essere alcun individuo o gruppo che potrebbe sentirsi escluso o offeso dall'uso della parola, e meno che mai dal fatto che la vocale finale sia una "a" accentata. Dunque, perché sostituirla con l'asterisco?

Il campionario di risposte fornite a questa domanda è istruttivo:

- l'asterisco "comprende tutte le identità di genere, andando oltre le categorie binarie tradizionali di maschile e femminile";
- l'asterisco rappresenta un fiore, come quello del partigiano;
- l'asterisco è molto usato fra i giovani;
- l'asterisco "fa meno danni di una fiamma o di una rosa celtica".

La spiegazione più sofisticata (o più cervellotica) proviene direttamente dal PD di Roma, organizzatore della Festa dell'Unità nella capitale. Da un suo comunicato apprendiamo che il punto chiave non è l'asterisco, ma la combinazione *asterisco + accento* posto sull'asterisco stesso. Secondo i comunicatori del PD la combinazione, finora inedita, di un carattere speciale (asterisco) con un altro carattere speciale (accento) "rappresenta la massima inclusività immaginabile". Da qui "la decisione e la scelta di renderli simbolo: unico, potente, indimenticabile! Proprio come la Festa dell'Unità".

Inutile commentare la vicenda, se non per notare la completa arbitrarietà di tutta la catena di passaggi logici: già la scelta dell'asterisco, stante la sua impronunciabilità, è alquanto discutibile, ma il fatto di combinarla con l'accento e applicarla a una parola del tutto innocente come "unità" mostra che il potenziale di propagazione del FC è illimitato e sprovvisto di qualsiasi principio-guida, se non il capriccio dei riformatori della lingua.

Questa è una differenza cruciale con il politicamente corretto classico. Anche in quel caso ci trovavamo di fronte a un progetto di riforma della lingua, ma si trattava di un progetto con un perimetro preciso. L'idea era di sostituire una ventina di parole con altrettanti sinonimi, solo un po' più gentili (o più ipocriti, come subito ebbe a notare Natalia Ginzburg). Insomma, il progetto era molto delimitato, e la sua eventuale espansione incontrava un limite naturale nel senso del ridicolo, allora ancora vivo nelle opinioni pubbliche occidentali. Non a caso, le proposte più cervellotiche non attecchirono mai: nessuno si mise a dire "verticalmente svantaggiato" per non dire "basso di statura", o a dire "diverso dal punto di vista estetico" per non dire "brutto". E a nessuno venne in mente che le desinenze maschili per il plurale (amici, colleghi, tutti) potessero offendere le donne. O che "gentili signore e signori" potesse turbare le persone non binarie, fluide, o in transizione. Quella (piccola) riforma della lingua non era pilotata dalla suscettibilità individuale, né da capricci politici. Era solo e semplicemente "politica degli eufemismi". Qualcosa che non tutti condividevano, ma che chiunque poteva capire. E di cui tutti potevano scorgere i limiti invalicati e invalicabili.

Una seconda falla del follemente corretto riguarda l'individuazione delle categorie protette e la natura della protezione. Inizialmente, la protezione consisteva nella punizione degli atti di incitamento all'odio, alla violenza o alla discriminazione motivati da razza, etnia, nazionalità, fede religiosa. Il crimine era l'incitamento a odio-violenza-discriminazione, le categorie protette coincidevano con determinati gruppi sociali definiti da alcuni specifici caratteri ascritti (tipicamente l'etnia) o quasi-ascritti (religione).

Poi le cose sono diventate molto più complicate, non solo in Italia. L'elenco delle categorie degne di protezione si è progressivamente allungato fino a includere i soggetti vittime d'odio per motivi fondati su sesso, orientamento sessuale, identità sessuale, genere, identità di genere, disabilità. Il tutto senza individuare un limite, un criterio che permetta di tracciare il perimetro della protezione.

E infatti è stato fatto osservare che, se l'elenco è basato sul fatto di subire atti di bullismo o discriminazione, non si vede perché nella lista delle categorie protette non dovrebbero entrare anche – ad esempio – i senzatetto, i grassi, le persone brutte. E in ambito scolastico le schiappe, i secchioni, i timidi, i primi della classe, gli imbranati. Insomma: la lista delle categorie prese di mira dalla cattiveria e dalla crudeltà umane è illimitata, e non esiste alcun criterio logico, sociologico o psicologico che consenta di distinguere le categorie degne di protezione da quelle che non lo sono. Una difficoltà accentuata dal fatto che, su alcune categorie come disabili, grassi, brutti, alla strategia di proteggerle e compensarne gli svantaggi si affiancano strategie di segno opposto, di cosiddetta risemantizzazione della loro condizione: le disabilità sarebbero semplici caratteristiche, né buone né cattive; la grassezza non sarebbe un difetto, *fat is beautiful*; la bellezza sarebbe un mero costrutto sociale, di tutte si può dire "sei bellissima...".

Quanto alla natura della protezione, anche lì non

ci sono confini precisi. Accanto alle leggi contro lo *hate speech*, che puniscono gli odiatori, fioriscono norme che – mediante quote e punteggi – conferiscono vantaggi a specifiche categorie supposte sotto-privilegiate, in ambiti come le assunzioni, i pubblici concorsi, gli avanzamenti di carriera, le competizioni elettorali, i consigli di amministrazione. Anche qui, la ratio è un assunto di discriminazione, che però non è in grado di fornire una risposta razionale alle due questioni-chiave: quali categorie meritano la protezione e quali no? In che cosa deve consistere la protezione?

E qui arriva la terza falla. Il follemente corretto non è in grado di impedire i conflitti – talora asprissimi – che la protezione di determinate minoranze può suscitare. Il più clamoroso, come abbiamo raccontato nella nostra antologia, è quello fra una parte delle donne-donne (fra cui le cosiddette femministe radicali) e i maschi transitati a donne (trans MtF). Un conflitto che riguarda l'invasione degli spazi femminili nello sport, nelle carceri, nei centri anti-violenza, ma anche – attraverso le quote riservate – nella competizione elettorale e in tutti gli ambiti in cui le leggi attribuiscono esenzioni e privilegi alle donne.

Non meno importanti, anche se poco visibili in Europa, sono i conflitti innescati dai privilegi che le istituzioni universitarie statunitensi riservano ai non-bianchi non già sulla base di comprovati svantaggi economici, bensì in base al mero colore della pelle. Difficile, per una studentessa bianca, specie se di modeste origini sociali, accettare di pagare un prezzo per le (ipotetiche) malefatte dei suoi antenati colonizzatori. È qui che le teorie woke, pur vagamente ispirate a idee di eguaglianza e giustizia sociale, incontrano la viva opposizione dei pensatori e soprattutto delle pensatrici marxiste, per i quali la base del conflitto sociale è e resta la lotta contro lo sfruttamento capitalistico, non certo l'allargamento del fronte dei diritti meritevoli di tutela.

Con il concetto di diritto arriviamo all'ultima falla, forse la più rilevante. L'intero castello del follemente corretto poggia su una visione irrealistica e gravemente fuorviante di che cosa costituisca un diritto. La formulazione più chiara e sintetica di tale errata visione è probabilmente quella che di recente ne ha dato Annarita Masullo, giovane esponente del cosiddetto "transfemminismo intersezionale":

> Il transfemminismo non è niente altro che lotta per i diritti civili perché è una torta da cui se prendo il mio pezzettino, non tolgo il tuo.

Questa definizione è fantastica perché illustra alla perfezione come mai il follemente corretto non riesce ad accorgersi dei propri problemi logici: se la rivendicazione di un diritto non toglie nulla ai diritti altrui, né entra in competizione con altre rivendicazioni, allora non sorge nessuno dei problemi logici che affliggono la cultura dei diritti. E cioè:

a) come distinguere fra veri diritti e semplici desideri, un punto su cui già Norberto Bobbio aveva attirato l'attenzione nel volume *L'età dei diritti*;
b) che cosa fare quando un diritto, ad esempio la protezione di una o più minoranze, entra in conflitto con un altro diritto, ad esempio la libertà di espressione (il problema su cui è caduto il DDL Zan);
c) che cosa fare quando una rivendicazione di una determinata minoranza (ad esempio il self-id per i nati maschi) toglie spazi e libertà a una differente categoria protetta (le donne);
d) come giustificare le discriminazioni positive, ovvero l'attribuzione di privilegi e handicap sulla base di caratteri ascritti (studentesse bianche penalizzate in quanto bianche);
e) come evitare che il risentimento di chi non beneficia di quote riservate, corsie preferenziali, agevolazioni, esenzioni varie inneschi meccanismi di stigmatizzazione degli appartenenti a categorie protette, accusati di non meritare le posizioni che hanno conquistato;

f) su quali categorie far pesare i costi dei diritti che, come la maggior parte dei diritti sociali, comportano costi economici non trascurabili.

La realtà è che, quando proclama diritti, il follemente corretto si muove come se ogni desiderio potesse dar luogo a un diritto, e ogni diritto così proclamato non avesse alcun costo, né in termini economici, né in termini di diritti e libertà altrui. Non a caso la parola-chiave della cultura dei diritti è "inclusione", ossia un termine che – diversamente da "eguaglianza" – evoca l'idea di una mera ammissione a un club, senza costi per alcuno.

Non si sottolineerà mai abbastanza quanto cruciale – anzi esiziale! – sia stata, per la sinistra, la sostituzione dell'ideale dell'eguaglianza con quello dell'inclusione. È da questa operazione teorico-ideologica (caldeggiata dal sociologo Alessandro Pizzorno, e severamente criticata da Bobbio) che è iniziato, intorno alla metà degli anni novanta, il lungo processo storico di sostituzione dei diritti sociali con i diritti civili. Un processo che ha condotto a mettere sempre più in ombra le (costose) istanze di eguaglianza dei ceti popolari, per puntare tutte le carte sui (ben meno costosi) diritti di inclusione di gruppi particolari, a partire dalle minoranze sessuali.

Il prototipo dei diritti intesi in questa accezione aproblematica è il suffragio universale, che effettivamente include senza togliere, o meglio si limita a eliminare un ingiustificato privilegio di determinate categorie (fino al 1912 votavano solo i benestanti maschi, fino al 1946 solo i maschi). Lo stesso discorso si può ripetere per diversi importantissimi diritti civili, come il divorzio e la parità fra uomini e donne nell'accesso alle professioni. Tutti diritti che non hanno limitato la libertà di nessuno, né hanno comportato oneri per lo stato.

Però l'elenco dei diritti di pura inclusione è limitato. Non tutti i diritti di cui si proclama l'universalità sono tali, e certamente non lo sono tantissime istanze (Bobbio le chiamava pretese, o *claim*) che il follemente corretto promuove come se la loro ragionevolezza fosse evidente e il loro costo fosse zero.

C'è un altro aspetto su cui la odierna cultura dei diritti si distacca profondamente dalle sue manifestazioni del passato. I grandi movimenti per i diritti civili della seconda metà del Novecento erano di massa, e si battevano per obiettivi precisi, riconoscibili, e molto concreti: la fine della segregazione razziale, la parità di genere, il divorzio, l'aborto, il matrimonio omosessuale. A lottare erano anzitutto i diretti interessati: neri, donne, omosessuali. Oggi che i diritti veramente importanti sono stati quasi tutti conquistati, le lotte per i diritti sono frammentate, iperpoliticizzate, e spesso condotte per interposta persona, ovvero da influencer, attivisti online, professionisti della comunicazione, manager, funzionari pubblici, docenti, giornalisti, politici, scrittori, artisti: tutti soggetti diversi da quelli in nome dei quali ci si batte.

È un cambiamento epocale. Non si combatte per se stessi, ma per i diritti altrui, spesso senza che questi "altri" per cui si combatte ci abbiano conferito alcuna delega. Può sembrare strano, per chi è vissuto nel secolo scorso, ed è abituato a pensare che le battaglie per i diritti richiedano la mobilitazione dei diretti interessati. Ma è meno strano se si riflette sulle funzioni che l'adesione al follemente corretto è venuta via via assumendo, prima fra tutte il cosiddetto *virtue signalling*. Se le lotte ottengono pochi risultati concreti ma sono ubique, è perché il loro obiettivo è innanzitutto staccare un dividendo morale, che rende più agevole l'accesso alla nuova élite.

Che poi tale accesso sia effettivo, come nel caso dei ceti superiori, acculturati e istruiti, o sia puramente immaginario, come per i coatti della rete, non fa una grandissima differenza. Per tutti l'essenziale è sentirsi parte di un'élite morale, e avere la possibilità di farlo a basso costo: l'adesione incondizionata al follemente corretto rispetta perfettamente entrambi i requisiti.

Il fatto che il follemente corretto sia pieno di falle logiche non è l'unico motivo che induce a non dare per scontato il suo successo finale. In realtà esiste anche un secondo motivo che fa dubitare della sua tenuta nel tempo: il follemente corretto è un caposaldo della sinistra odierna, un suo tratto distintivo, ma è anche – contemporaneamente – un fattore che le nuoce fortemente, un elemento di debolezza; appare irrinunciabile, ma è anche controproducente e autolesionistico. Di qui un sottile filo di speranza: i dirigenti della sinistra potrebbero anche, prima o poi, rendersi conto del guaio in cui si sono cacciati, e innestare la retromarcia, come – con qualche cautela – ebbe a suggerire Hillary Clinton già un paio di anni fa.

Sul fatto che il follemente corretto sia un'esclusiva della cultura di sinistra non credo esistano dubbi. Semmai la domanda che potremmo farci è se il follemente corretto sia davvero di sinistra, o se abbia *anche* aspetti di destra. Diverse femministe di sinistra pensano proprio questo, ad esempio quando osservano che la GPA (gestazione per altri) è una pratica che premia i quasi sempre ricchi acquirenti di neonati, e umilia le quasi sempre povere prestatrici di utero. O quando constatano che il self-id restringe gli spazi femminili e può limitare le prerogative delle donne. Visto da questa angolatura, in effetti il FC appare classista e retrogrado.

Ma lasciamo stare, e andiamo al punto. Perché il follemente corretto danneggia la sinistra?

Difficile esaurire la lista dei danni autoinferti, ma proviamo a percorrerla partendo da quello meno immediatamente visibile: il follemente corretto crea un baratro culturale e psicologico fra i ceti istruiti, tendenzialmente benestanti e urbanizzati, e i ceti a bassa istruzione, tendenzialmente svantaggiati, e spesso insediati in realtà marginali (campagne, periferie urbane, piccoli centri). Le sottigliezze intellettuali e il senso di superiorità morale degli aderenti alla cultura woke tendono a suscitare sentimenti di estraneità e di rivalsa nei ceti popolari, che si sentono ignorati, guardati con sufficienza, quando non con disprezzo. Questo è un grave punto di debolezza politica dell'establishment progressista, specie là dove – come negli Stati Uniti – il follemente corretto è pienamente dispiegato, nonché orgogliosamente rivendicato dall'élite. Non sono pochi gli osservatori che, fra le ragioni della vittoria di Trump alle elezioni del 2016, annoverano la sua capacità di cavalcare i sentimenti dei ceti popolari, volgendoli in chiave anti-liberal e anti-progressista.

Non si tratta, però, solo di generici sentimenti di estraneità, distanza o risentimento. Non si tratta solo dell'abisso che separa coloro che fanno i conti ogni giorno con le difficoltà della vita, e coloro che si possono permettere di baloccarsi con problemi come i pronomi, le desinenze, l'asterisco, l'identità di genere, la sessualità più o meno polimorfa. Al cuore del disagio dei ceti popolari, da almeno tre decenni, c'è un problema, anzi *il* problema, sempre lo stesso: la diffidenza verso gli immigrati, visti nella duplice veste di minaccia alla sicurezza e di pericolosi concorrenti sul mercato del lavoro e nell'accesso ai servizi sociali.

Solo che, quel problema, la cultura progressista non lo vede e non lo vuole vedere. Preferisce esorcizzarlo in tutti i modi concepibili: negando che esista un'emergenza sicurezza (è solo una percezione...); sorvolando sui crimini commessi da stranieri (specie se islamici); ignorando i problemi di concorrenza italiani-stranieri nell'accesso agli alloggi popolari e ai servizi sociali; sottolineando sempre e soltanto i vantaggi dell'immigrazione (loro accettano i lavori che noi rifiutiamo, loro ci pagano le pensioni, loro fanno i figli che noi non vogliamo più fare); ripetendo che ad alimentare il senso di insicurezza sono gli imprenditori della paura, che la destra parla alla pancia degli italiani, e solo per questo gode del sostegno popolare.

A questa cecità il follemente corretto fornisce un apporto cruciale: se il problema politico centrale è l'inclusione, se i veri ultimi sono i migranti, allora diventa naturale ignorare le istanze dei ceti popolari "classici", che vanno semmai illuminati, rieducati, ricondotti alla ragione, sottraendoli alla demagogia delle destre.

Un altro grave danno che il FC ha inferto alla sinistra è di avere consegnato alla destra la bandiera della libertà di espressione. Una bandiera che la destra sventola maldestramente, perché troppo spesso i suoi esponenti finiscono per alimentarne, tollerarne o giustificarne anche le manifestazioni più deteriori. Ma pur sempre una bandiera che è passata da un campo all'altro, rendendo sempre più problematico il rapporto fra sinistra e mondo dell'arte e della cultura.

È vero che impegno politico e adesione acritica al follemente corretto restano tutt'oggi formidabili strumenti di autopromozione di scrittori e artisti di sinistra. Ma è anche vero che, con il passare del tempo, sta diventando sempre più chiaro quanto oppressivo – e autolesionistico per la creatività – sia vivere perennemente in "una Corea del Nord della mente", per riprendere la felice espressione dello scrittore Hanif Kureishi. Questa è una grande contraddizione, perché è arduo supporre che i lavoratori intellettuali, specie se hanno talento, possano essere disposti a mortificarlo per sempre, solo per segnalare la loro virtù e ricevere il plauso dell'establishment.

Forse, però, il danno maggiore del FC sono i conflitti che genera all'interno del campo progressista. Di uno di tali conflitti, quello fra femministe radicali e attivisti LGBT+, abbiamo ampiamente parlato. Qui vorrei solo aggiungere un'osservazione: la progressiva concentrazione dell'attenzione sui diritti delle persone trans non ha avuto solo l'effetto di spaccare il movimento delle donne, ma anche quello di ridurne il seguito e il prestigio. Nei primi anni dieci di questo secolo, il movimento femminista era ancora relativamente unito, e concentrato su temi classici, come la lotta contro la violenza sulle donne, culminata nella grande manifestazione del 13 febbraio 2011, promossa in 100 piazze d'Italia dall'associazione Se non ora quando?, che ha tra le fondatrici Francesca Izzo e le sorelle Cristina e Francesca Comencini. Gli organizzatori parlarono di 1 milione di donne in piazza, un grado di mobilitazione a tutt'oggi ineguagliato.

Poi qualcosa si è rotto. Il movimento si è diviso in due tronconi principali (SNOQ libere/SNOQ factory), separati da dissensi su varie questioni, fra le quali l'utero in affitto. Ma la vera cesura è intervenuta fra il 2016 e il 2017, quando la scena pubblica ha cominciato a essere occupata sempre più da una nuova versione di femminismo, molto diversa da quelle del passato: il transfemminismo, o femminismo intersezionale, ben rappresentato in Italia dall'associazione Non Una Di Meno.

Difficile immaginare un movimento più divisivo e meno universalista. Anziché concentrarsi – come i movimenti passati – sulle istanze comuni e universali delle donne, indipendentemente dal colore della pelle, dalla condizione sociale, dalla nazionalità, dalla religione, dall'orientamento politico, il transfemminismo ha pienamente adottato la versione più radicale dell'agenda woke, compresi il primato assoluto delle rivendicazioni trans e la colpevolizzazione delle donne bianche, a maggior ragione se benestanti, e a maggior ragione ancora se israeliane. Una deriva estremista, anticapitalista, antioccidentale (se non filo-islamica), che ha raggiunto la massima visibilità nella manifestazione dell'8 marzo di quest'anno a Firenze (quella del già ricordato episodio della cacciata della ragazza con il cartello anti-Hamas).

Dividendo il campo delle donne, il follemente corretto finisce – al tempo stesso – per rompere quella sorta di "affinità elettiva" che era sempre esistita fra femminismo e sinistra. Quell'affinità, infatti, si basava sull'universalismo e l'urgenza, al limite dell'ovvietà, di tante rivendicazioni femminili, e sulla vocazione egualitaria ed emancipatrice della cultura di sinistra. Oggi quelle due condizioni sono entrambe svanite, perché il transfemminismo è un movimento settario, iper-politicizzato, che non difende tutte le donne e solo le donne, e perché la sinistra, con la sua adesione al follemente corretto, ha finito per perdere ogni contatto con i problemi reali e i bisogni concreti delle donne.

Quella di aver spaccato il mondo femminista, mettendone a repentaglio l'inclinazione progressista, non è l'unica frattura sociale che l'agenda woke ha provocato. Ancor più gravido di conseguenze divisive è stato un altro processo, anch'esso alimentato dall'agenda woke: la progressiva sostituzione dei ceti di riferimento tradizionali della sinistra (operai e strati popolari) con nuovi gruppi sociali, accomunati dal loro essere percepiti come ultimi, marginali, esclusi.

L'imperativo dell'inclusione, che a partire dagli anni novanta ha via via preso il posto dell'ideale dell'eguaglianza, ha completamente sovvertito le gerarchie di priorità classiche della sinistra. Al posto degli operai e delle donne sono subentrati gli immigrati e le minoranze sessuali: inizialmente solo lesbiche, gay, bisessuali, poi anche transessuali, queer, intersessuali, asessuali, e da ultimo pure pansessuali e kinky, dove kinky significa appassionati di giochi erotici più o meno perversi o sadomasochistici. E al posto delle lotte per il salario, l'occupazione, la casa, la sanità sono subentrate le grandi "battaglie di civiltà", per i diritti civili e il riconoscimento delle minoranze sessuali, collettivamente riunite sotto il grottesco acronimo LGBTQIAPK+, una invenzione lessicale da fare invidia a Calvino, che con il vecchio Qfwfq delle *Cosmicomiche* si era fermato a 5 lettere.

Questa scelta pro-inclusione delle minoranze piuttosto che pro-eguaglianza è strana, anche se comprensibile. È strana, perché milioni di donne vorrebbero lavorare e non possono farlo (abbiamo il tasso di occupazione femminile più basso fra i paesi dell'Unione Europea). È strana, perché sanità, asili nido e abitazioni sono da decenni emergenze sociali drammatiche. È strana, perché il più grande gruppo sociale oppresso e sfruttato sono i tre milioni di occupati (e relative famiglie) che lavorano in condizioni para-schiavistiche, una realtà di cui i campi di raccolta in cui è stato lasciato morire Satnam Singh sono solo la punta dell'iceberg. Ed è tanto più strana, quella scelta, se pensiamo che una frazione consistente di quei tre milioni di para-schiavi è costituito da immigrati.

Ma è anche comprensibile, quella scelta di dimenticare le vecchie battaglie per l'eguaglianza. Puntare tutte le carte sui diritti dei migranti, degli omosessuali, dei bisessuali e transessuali ha l'enorme vantaggio di costare nulla o quasi nulla, mentre affrontare anche uno solo dei grandi problemi sociali del paese – come l'iper-sfruttamento, la mancanza di posti di lavoro per le donne, i guai della sanità pubblica – avrebbe costi economici e politici giganteschi. Se la sinistra provasse a farlo, dovrebbe trovare le risorse economiche necessarie, e sarebbe costretta a scontentare interessi consolidati, o a imporre anni di sacrifici. Meglio allora puntare su battaglie di principio – unioni civili, diritto alla genitorialità, leggi sull'omotransfobia, salvataggi in mare – che hanno costi modesti, e consolidano il senso di superiorità etica.

Costi modesti? Qualcuno potrebbe obiettare, pensando all'enorme impegno economico che richiederebbero vere politiche di accoglienza, che evitassero ai migranti di essere stipati negli hotspot, consegnati a cooperative che lucrano sui finanziamenti pubblici, trattati come schiavi nei campi di raccolta di frutta e ortaggi, consegnati a imprenditori senza scrupoli nei settori dove prolifera il lavoro nero. Ma è proprio questa la grande ipocrisia – forse sarebbe più esatto chiamarla truffa ideologica – che da trent'anni va in scena in campo progressista: si predica l'accoglienza finché si è all'opposizione, ma quando si arriva al governo (e la sinistra, da sola o in compagnia, lo è stata in circa 20 degli ultimi 30 anni) si puntano tutte le carte sulla *poesia* dei salvataggi in mare, con tanto di storie commoventi, servizi televisivi, romanzi epici sulle traversate in mare, e si dimentica la (costosissima) *prosa* dell'accoglienza vera e propria, quando il migrante diventa immigrato, e ha bisogno di assistenza, di iter burocratici veloci, di accompagnamento e tutela sul mercato del lavoro.

Migranti, immigrati...

Anche la terminologia tradisce l'inganno. Si preferisce parlare di "migranti", perché migrante evoca l'avventura del viaggio, l'epica dei salvataggi, il coraggio di chi parte e l'eroismo di chi salva, mentre "immigrati" rischia di far pensare alle paure e ai problemi sociali suscitati da milioni di persone abbandonate a se stesse nelle periferie, o avviate a ingrossare l'esercito industriale di riserva (così lo chiamava Marx) che fornisce manodopera a basso costo nei settori ad alto impiego di lavoro nero.

Soprattutto: occuparsi degli *immigrati*, stanziando risorse adeguate e combattendo para-schiavismo e sfruttamento, ha costi economici e politici altissimi; aiutare i *migranti* ad arrivare sani e salvi in Italia – come si fece una decina di anni fa con l'operazione Mare Nostrum – ci rende fieri della nostra umanità, e costa infinitamente di meno.

Ritroviamo qui, pari pari, il meccanismo che avevamo incontrato parlando delle strategie delle grandi imprese e delle grandi organizzazioni. Sottoscrivere l'agenda woke consente sensibili miglioramenti di immagine a costi molto contenuti, mentre migliorare la qualità dei prodotti o le condizioni di lavoro dei dipendenti comporta sempre costi ingenti.

C'è una differenza, però, fra le imprese commerciali e le imprese politiche. Il "fatturato" di un'impresa politica, qual è un partito progressista, è dato dal consenso elettorale, ovvero dal numero di voti. E il consenso elettorale non dipende solo dall'immagine, ma anche dagli interessi di cui ci si fa difensori, ovvero da quello che di te pensano gli elettori. È un po' come se, a determinare l'immagine di un'impresa, non contribuissero solo la pubblicità e il gradimento dei consumatori, ma anche le opinioni dei suoi dipendenti.

È qui che il follemente corretto ha inguaiato la sinistra. Ponendo in cima alla graduatoria le minoranze sessuali e i migranti, l'azienda-sinistra ha finito per ignorare quasi totalmente il punto di vista dei suoi dipendenti-elettori storici, ovvero quei ceti popolari che, da una trentina di anni, vedono l'immigrazione come un problema – di sicurezza e di concorrenza – e del follemente corretto non condividono né capiscono le ragioni.

Anche per questo, oltre che per la sua inconsistenza logica, il futuro del follemente corretto è perlomeno incerto. Può darsi che, accecata e confusa da una stampa progressista che vede solo "diritti, diritti, diritti", la sinistra continui a non accorgersi che il follemente corretto la allontana dalla gente comune, e continui sulla strada di sempre. Ma è anche possibile che il percorso di ascolto dei ceti popolari avviato da Elly Schlein non sia di pura facciata, e alla fine consenta al follemente corretto – quatto quatto – di scivolare fuori dall'agenda della sinistra.

Sarebbe un bene per la sinistra. E un sollievo per tutti.

*Auto*bibliografia minima

Del politicamente corretto e delle sue conseguenze mi occupo da circa dieci anni, ma l'ho sempre fatto in modo frammentario, all'interno di libri che trattavano questioni più generali, o in articoli pubblicati sui quotidiani con cui collaboravo (*Il Messaggero*, *la Repubblica*, *La Ragione*). Pur usando da tempo l'espressione "follemente corretto", questa è la prima volta che – partendo dalle mie riflessioni precedenti – provo a dare una base analitica rigorosa al concetto sociologico sottostante, distinguendolo nettamente da quello di politicamente corretto.

Ed è pure la prima volta in cui, vincendo l'istinto di ogni professore universitario, faccio completamente a meno delle note, e riduco al minimo la bibliografia.

Quella che trovate qui, più che una bibliografia vera e propria, è un'*auto*bibliografia, che contiene i testi da cui ho imparato di più.

Aa. Vv.
2022 *Non si può più dire niente?*, Milano, UTET.

Alberti B.
2024 *Tremate, tremate*, Milano, Rizzoli.

Block W.
2010 *The Case for Discrimination*, Ludwig von Mises Institute, Auburn (Alabama), (trad. it. *Le ragioni della discriminazione*, Macerata, Liberilibri, 2023).

Bloom A.
1987 *The Closing of the American Mind*, New York, Simon & Schuster (trad. it. *La chiusura della mente americana*, Torino, Lindau, 2009).

Bobbio N.
1990 *L'età dei diritti*, Torino, Einaudi.

Bourdieu P.
1979 *La distinction. Critique sociale du jugement*, Paris, Minuit (trad. it. *La distinzione. Critica sociale del gusto*, Bologna, Il Mulino, 1983).

Bruckner P.
1983 *Le sanglot de l'homme blanc*, Paris, Seuil, (trad. it. *Il singhiozzo dell'uomo bianco*, Milano, Guanda, 2008).
2020 *Un coupable presque parfait*, Paris, Grasset (trad. it. *Un colpevole quasi perfetto*, Milano, Guanda, 2021).

Calvino I.
1965 *Le Cosmicomiche*, Torino, Einaudi.

Crenshaw K.
1989 *Demarginalizing the Intersection of Race and Sex*, "University of Chicago Legal Forum", 1, art. 8.

Crispin J.
2017 *Why I Am Not a Feminist: A Feminist Manifesto*, New York, Melville House Publishing (trad. it. *Perché non sono femminista*, Roma, SUR 2018).

De Benedetti A.
2022 *Così non schwa. Limiti ed eccessi del linguaggio inclusivo*, Torino, Einaudi.

Di Angelo R.
2018 *White Fragility. Why It's So Hard for White People to Talk about Racism*, Boston, Beacon Press (trad. it. *Fragilità bianca. Perché è così difficile per i bianchi parlare di razzismo*, Milano, Chiarelettere).

Eco U.
2017 *Il fascismo eterno*, Milano, La nave di Teseo (testo originale 1995).
2019 *Migrazioni e intolleranza*, Milano, La nave di Teseo, 2019.

Finkielkraut A.
1987 *La défaite de la pensée*, Paris, Gallimard (trad. it. *La sconfitta del pensiero*, Roma, Lucarini, 1989).

Florio F.
2022 *Non chiamatelo revenge porn*, Milano, Mondadori.

Fourest P.
2005 *La tentation obscurantiste*, Paris, Grasset.

Furedi F.
2004 *Therapy Culture. Cultivating Vulnerability in an Uncertain Age*, London, Routledge (trad. it. *Il nuovo conformismo. Troppa psicologia nella vita quotidiana*, Milano, Feltrinelli).

Gambetta D., Ricolfi L.
1978 *Il compromesso difficile*, Torino, Rosenberg & Sellier.

Gheno V.
2023 *L'antidoto. 15 comportamenti che avvelenano la nostra vita in rete e come evitarli*, Milano, Longanesi.

Ginzburg N.
1981 "Parole nella nebbia", *La Stampa*, 27 ottobre.

Girard R.
1982 *Le bouc émissaire*, Paris, Grasset (trad. it. *Il capro espiatorio.* Milano, Adelphi, 1999).

Haidt J.
2024 *The Anxious Generation*, London, Allen Lane (trad. it. *La generazione ansiosa*, Milano, Rizzoli, 2024).

Haidt J., Lukianoff G.
2018 *The Coddling of the American Mind*, New York, Penguin Books.

Hakim C.
2000 "Work-Lifestyle Choices in the 21st Century: Preference Theory", Oxford, Oxford University Press (preface by Anthony Giddens).

2004 “Modern lifestyle choices”, in Hakim, C. (ed.), *Models of the Family in Modern Societies: Ideals and Realities*, Aldershot, Ashgate Publishing.

2004 “Lifestyle preferences versus patriarchal values: causal and non-causal attitudes”, in Zollinger Giele J., Holst E. (eds.), *Changing life patterns in Western industrial societies*, Amsterdam/Boston, Elsevier/JAI.

2010 “Erotic Capital”, *European Sociological Review*, XXVI, 5, ottobre.

2012 *Honey Money: Why attractiveness is the key to success*, London, Penguin (tr. it. *Capitale erotico. Perché il fascino è il segreto del successo*, Milano, Mondadori 2012).

Houellebecq M.

2015 *Submission*, London, William Heinemann (trad. it. *Sottomissione*, Milano, Bompiani).

Hughes R.

1993 *The Culture of Complaint. The Fraying of America*, Oxford/New York, Oxford University Press (trad. it. *La cultura del piagnisteo. La saga del politicamente corretto*, Milano, Adelphi).

Lukianoff G.

2022 “The Second Great Age of Political Correctness”, *Reason*, gennaio.

Marcuse H.

1955 *Eros and Civilisation. A philosophical Inquiry into Freud*, Boston, Beacon Press (trad. it. *Eros e civilità*, Torino, Einaudi, 1964).

Marzano M.
2023 *Sto ancora aspettando che qualcuno mi chieda scusa*, Milano, Rizzoli.

Mastrocola P., Ricolfi L.
Manifesto del libero pensiero, Milano, La nave di Teseo, 2022.

Mitscherlich A.
1963 *Auf dem Weg zur vaterlosen Gesellschaft*, Piper Verlag, München (trad. it. *Verso una società senza padre*, Milano, Feltrinelli, 1973).

Murgia M.
2022 *God Save the Queer*, Torino, Einaudi.

Odifreddi P.
2024 *C'è del marcio in Occidente*, Milano, Raffaello Cortina Editore.

Orwell G.
1949 *1984,* Secker & Warburg, London (trad. it. *1984*, Milano, Arnoldo Mondadori Editore, 1950).

Paglia C.
1990 *Sexual Personae*, New Haven, Yale University Press (trad it. *Sexual Personae. Arte e decadenza da Nefertiti a Emily Dickinson*, Torino, Einaudi, 1993).

Pizzorno A.
1995 "Caro Bobbio, ecco dove sbagli", intervista rilasciata ad Antonio Gnoli, *la Repubblica*, 7 febbraio.

Pluckrose H., Lindsay J.

2020 *Cynical Theories. How Activist Scholarship Made Everything about Race, Gender and Identity – and why this Harms Everybody*, Durnham, Pitchstone Publishing (trad. it. *La nuova intolleranza. Ecco come le università e l'attivismo hanno ridotto ogni cosa a razza, genere sessuale e identità culturale e perché questo danneggia tutti*, Milano, Linkiesta Books, 2022).

Rampini F.
2022 *Suicidio occidente*, Milano, Mondadori.
2024 "Io, dentro la dittatura woke. Sono bianca e devo scusarmi anche se non sono razzista. E guai a chiedere: di dove sei", *Corriere della Sera*, 4 marzo.

Recalcati M.
2017 *Cosa resta del padre*, Milano, Cortina.

Ricolfi L.
2005 *Perché siamo antipatici? La sinistra e il complesso dei migliori*, Milano, Longanesi.
2017 *Sinistra e popolo*, Milano, Longanesi.
2019 *La società signorile di massa*, Milano, La Nave di Teseo.
2022 *La mutazione. Come le idee di sinistra sono migrate a destra*, Milano, Rizzoli.

Ricolfi L., Sciolla L.
1989 *Senza padri né maestri*, Bari, De Donato.

Rielli D.
2020 *Odio*, Milano, Mondadori.

Rothbard M. N.
2023 *Contro l'egalitarismo*, Macerata, Liberilibri (edizioni originarie degli articoli: 1970, 1971, 1973).

Runyan A.S.
2018 "What is Intersectionality and Why is It important?", *Academe*, 104, 6, novembre-dicembre.

Scaraffia L.
2024 "Lo dico con dolore: il femminismo è morto", *La Stampa*, 6 marzo.

Siti W.
2021 *Contro l'impegno. Riflessioni sul bene in letteratura*, Milano, Rizzoli.

Soffici C.
2017 "Vade retro Platone e Kant, filosofi bianchi. Follemente corretto: un gruppo di studenti chiede più spazio ad asiatici e africani", *il Fatto Quotidiano*, 12 gennaio.

Soncini G.
2021 *L'era della suscettibilità*, Venezia, Marsilio.

Sowell T.
2018 *Discrimination and Disparities*, New York, Basic Books.

Spitzer M.
2012 *Digitale Demenz*, München, Droemer HC (trad. it. *Demenza digitale*, Milano, Corbaccio, 2013).

Taylor C.
1991 *The Malaise of Modernity*, House of Anansi Press, Toronto (trad. it. *Il disagio della modernità*, Roma-Bari, Laterza, 1994).

Terragni M.
2022a "Hillary Clinton: se continuiamo a parlare di trans perderemo le elezioni", *Feminist Post* (feministpost.it).
2022b "Se due uomini denunciano la discriminazione di essere nati senza utero", *Il Foglio*, 19 ottobre.

Tuvel R.
2017 *In Defense of Transracialism*, "Hypatia", 32 (2).

Twenge J.
2017 *iGen*, New York, Simon & Schuster (trad. it. *Iperconnessi*, Torino, Einaudi, 2018).
2023 "Here are 13 Other Explanations for the Adolescent Mental Health Crisis. None of Them Work" (afterbabel.com).

Ventura R.A.
2023 *La regola del gioco*, Torino, Einaudi.

Weil S.
1943 *La personne et le sacré*, Paris, Payot, 2017 (trad. it. *La persona e il sacro*, Milano, Adelphi, 2012).

Zoja L.
2022 *Il declino del desiderio*, Torino, Einaudi.

Indice dei nomi

Finito di stampare
nel mese di ottobre 2024
presso
Puntoweb s.r.l.
Ariccia (RM)

338 –
187
151